职业大学“爱·学·争”育人文化建设的研究与实践

蒙素华　李宁宁　黄良佳　著

中国商业出版社

图书在版编目(CIP)数据

职业大学"爱·学·争"育人文化建设的研究与实践 / 蒙素华，李宁宁，黄良佳著. -- 北京 ：中国商业出版社，2024. 8. -- ISBN 978-7-5208-3085-0

Ⅰ. G718.5

中国国家版本馆 CIP 数据核字第 202480RR63 号

责任编辑:朱丽丽

中国商业出版社出版发行

(www.zgsycb.com　100053　北京广安门内报国寺 1 号)

总编室:010－63180647　编辑室:010－63033100

发行部:010－83120835/8286

新华书店经销

北京虎彩文化传播有限公司印刷

*

787 毫米×1092 毫米　16 开　8.25 印张　139 千字

2024 年 8 月第 1 版　2024 年 8 月第 1 次印刷

定价:45.00 元

* * * *

(如有印装质量问题可更换)

前　言

职业大学中，育人文化建设是促进学校发展和学生成长的重要一环。通过建设具有中国特色的育人文化，不仅可以营造良好的学习氛围，提高学生的综合素质，还能增强学校的竞争力。随着社会的发展和经济的繁荣，我国对职业人才的需求越来越大。为了满足这一需求，职业大学在培养学生专业技能的同时，也必须注重学生的全面发展。因此，建设具有特色的育人文化显得尤为重要。"爱·学·争"育人文化建设旨在营造一个充满爱心、积极向上、乐于学习的氛围，学生可以在这种氛围中培养良好的学习习惯和职业素养，提高自身综合素质，为未来的职业生涯做好准备。

本书从"爱·学·争"育人文化入手，针对职业大学文化建设、职业大学"爱·学·争"育人文化建设、"爱·学·争"育人文化与职业大学课程教学 、基于"爱·学·争"育人文化的职业大学文化建设实践进行分析研究。希望本书的介绍能够为读者在职业大学"爱·学·争"育人文化建设的研究与实践方面提供参考与借鉴。

在撰写本书的过程中，得到了许多专家、学者的帮助和指导，参考了大量的学术文献，在此表示真诚的感谢。本书内容系统全面，论述条理清晰、深入浅出，力求论述翔实，但是由于笔者水平有限，书中的疏漏之处，希望广大读者及时指正。

著　者

2023 年 11 月

目　录

第一章　“爱·学·争”育人文化

第一节　“爱·学·争”育人文化概述

一、“爱·学·争”育人文化的概念

(一)“爱·学·争”的含义解析

“爱·学·争”作为一种学校育人文化,具有深远的意义和丰富的内涵。

“爱”体现了学校对学生的关爱和关怀,是对学生个体发展的关注和尊重。在这个文化中,学校将学生视为珍贵的个体,注重培养学生的自尊和自信,营造温暖的学习环境。通过关爱的方式,学校激发学生对学习的兴趣,培养他们积极向上的情感。这种关爱不仅体现在师生之间,也体现在同学之间。在这样的氛围下,学生会感受到来自他人的支持和理解,有助于他们全面发展。

“学”强调学校育人的根本任务是教育,重视知识的传授和学生的学习。学校将知识作为学生成长的催化剂,为他们提供良好的学习资源和教学环境。在“爱·学·争”的学校育人文化中,学校注重启发学生的思维,注重培养学生的学习方法和学习能力,使学生能够自主学习、自主思考,从而促进他们全面发展。

“争”强调要培养学生的竞争意识和竞争能力,鼓励学生积极参与各种竞争,培养他们的拼搏精神和团队合作意识。学校通过组织各类学科竞赛、文化活动等,激发学生的内在潜能,培养他们的领导能力和创新思维。这种竞争文化不仅仅是为了追求荣誉和名次,更重要的是培养学生的逆境应对能力,使他们能够在面对挑战时勇往直前。

(二)学校育人文化的定义

学校育人文化是指学校为培养学生成为全面发展的人才而建构的一套价值观、原则和行为准则。它是学校教育的内在核心,是教育活动的重要指导方针。学校育人文化涵盖了学校教育的方方面面,旨在培养学生的道德品质、知识水平、能力素养和创新能力。它是学校教育的灵魂,也是学生全面发展的重要保障。

学校育人文化的定义包含了几个关键概念。首先,它要求学校以育人为中心,将培养学生成为有国家责任感和社会责任感的公民作为最终目标。其次,学校育人文化注重全面发展,不仅关注学生的学习成绩,还注重培养学生的思维能力、社会交往能力和创新精神。同时,学校育人文化还强调价值引导,通过注重道德教育和人文关怀,引导学生形成正确的价值观和行为准则。

学校育人文化的定义还体现了育人过程中的多维性和个性化。学校育人文化要求教师根据学生的差异性和每个人的特点,制定个性化的教育方案,关注学生的个性成长和兴趣发展。它旨在培养学生的自主学习能力和自我管理能力,使他们能够在不同的环境和情境中灵活适应。

学校育人文化的定义还强调与社会的紧密联系。学校育人文化应当与社会需求和社会变革相衔接,不断适应社会发展的要求。学校应该与家庭、社区和企业等社会各界密切合作,提供更多实践和实际经验,注重培养学生的实践能力和社会责任感。

(三)"爱·学·争"与育人文化的关系

在探讨"爱·学·争"育人文化的内容时,不可忽视其与育人文化的关系。正是通过"爱·学·争"这一育人文化的核心理念,学校才能实现对学生成长的有效引导与塑造。爱、学、争三个元素相互依存、相互促进,构成了学校育人文化的基石。

1.爱与育人文化密不可分

爱是一种关怀、尊重和激励的情感体验,而育人文化旨在培养学生的全面发展和创造力,二者具有共通之处。热情的爱能够激发学生的内在动力,使他们更加乐意参与学校的各种活动,进而达到有效的育人效果。学校应该营造温暖、充满爱的氛围,以激发学生的潜能和积极性,促进他们的良好发展。

2.学与育人文化紧密相关

学习是学生在学校获得知识、培养能力的重要途径,而育人文化则为学习提供了有利的环境和有效的支持。学校应该通过创设优质的教育资源、提供个性化的教学方式以及引导学生进行自主学习等方式,培养学生的自主学习能力和持续学习的意识。只有引导学生积极参与和不断进取,学生才能在"爱·学·争"的氛围中不断成长和进步。

3. 争与育人文化有着密切的联系

争是一种积极的竞争态度和勇于挑战的精神，而育人文化旨在培养学生的竞争意识和团队合作能力。学校应该为学生提供适当的竞争平台和机会，激发他们的竞争动力和适应能力，培养他们团队协作和合作共赢的意识。通过争取荣誉和奖励的过程，学生能够树立自信心、拓宽视野，进而实现全面发展。

二、"爱·学·争"育人文化的特点

(一)"爱"的特点

爱是"爱·学·争"育人文化中至关重要的一个方面。在学校中，爱是一种温暖而关怀的情感，它贯穿教育活动的每一个环节，对学生的全面发展起到积极的作用。

1. 爱是对学生的尊重和关注

在"爱·学·争"育人文化中，教师始终将学生作为独立的个体来看待，并倾听他们的声音和意见。教师通过尊重学生的个性差异，为他们提供一个平等和包容的学习环境，激发他们的潜力和创造力。

2. 爱是对学生的关心和关爱

在"爱·学·争"育人文化中，教师将学生的身心健康放在第一位，关注他们的成长和发展。教师关心学生的学习情况和生活困难，主动提供帮助和支持，让每个学生都感受到温暖和关心。

3. 爱是对学生的激励和引导

在"爱·学·争"育人文化中，教师激励学生积极向上、追求卓越，通过赞赏和鼓励，激发学生的学习热情和自信心。教师也积极引导学生树立正确的世界观、人生观、价值观，从而帮助他们做出正确的选择。

4. 爱是对学生的信任和赋权

在"爱·学·争"育人文化中，教师相信学生具有自主学习的能力和潜力，鼓励他们主动探索、提问和思考。教师给予学生足够的自主权,让他们参与决策和管理,培养他们的主动性和责任感。

(二)"学"的特点

学的特点是"爱·学·争"育人文化中非常重要的一环。在这种育人文化下,学不仅仅是简单地获取知识,更是一种深入理解和探索的过程。学的特点可以从以下几个方面进行讨论。

在"爱·学·争"育人文化中,"学"被赋予了积极主动的意义,学生被鼓励自觉地投入到学习中。学校为学生提供了一个积极向上的学习氛围,培养学生对学习的热情和兴趣。学生在这样的环境中,会主动地追求知识,努力提高自己的学业水平。

学的特点体现在学生的学习方法和策略上。在"爱·学·争"育人文化中,学生被鼓励探索多种学习方法,寻找适合自己的个性化学习方式。学校提供了多样化的学习资源和辅导支持,使学生能够根据自己的特点和需求,选择合适的学习方法,并运用各种学习方法,从而更好地掌握知识和技能。

学的特点表现在培养学生的学习能力和思维能力上。在"爱·学·争"育人文化中,学生被鼓励发展自主学习、批判思考和创新能力。学校倡导学生有主动思考的意识,注重培养学生的创新精神和质疑精神。通过开展项目学习、讨论课、实践活动等多种形式,学生可以培养自己的学习能力,从而更好地适应未来的专业发展和社会需求。

学的特点还体现在学生的综合素质培养上。在"爱·学·争"育人文化中,学校注重培养学生的人文素养、社会责任感和团队合作能力。学生参与各类社会实践活动,通过与他人合作和交流,培养自己的团队协作能力。同时,学校注重培养学生的社会责任感,鼓励学生积极参与公益活动,关心社会问题,从而提高学生的综合素质。

(三)"争"的特点

"争"作为"爱·学·争"育人文化的重要特点之一,在学生的成长过程中发挥着积极的作用。"争"不同于竞争,而是强调学生拥有积极主动地追求、争取和奋斗的精神。具体而言,"争"的特点主要体现在以下几个方面。

1.“争”呈现出积极向上的精神风貌

通过学校鼓励学生勇于争取、敢于奋斗的培育方式，学生能够养成积极向上的心态和乐观的生活态度。他们不会轻易放弃，而是坚持自己的理想和目标，并为之不断努力。正是这种积极向上的精神风貌，激发了学生内在的潜能，使他们在学习和生活中能够克服各种困难和挑战。

2.“争”提供了学生独立思考和创新的机会

在“争”的过程中，学生需要主动思考问题，找出解决问题的方法和策略。这种自主性的学习方式培养了学生的创新精神和解决问题的能力。他们不再依赖于他人，而是能够独立地思考和提出自己的见解。这种培养方式为学生的个性发展和综合素质的提高提供了重要的支持和保障。

3.“争”注重培养学生的团队合作精神

在“争”的过程中，学生将面临各种合作和竞争的机会。他们需要与他人进行合作，共同解决问题或达到共同的目标。通过团队合作，学生能够学会倾听和尊重他人的意见，提高沟通和协作的能力。在竞争中，学生也能够更好地认识到自己的优势和不足，进一步提高自己的能力和素质。

4.“争”为学生提供了实践经验和锻炼机会

“争”要求学生不断努力追求卓越，并在实践中转变为自己的价值和能力。通过学习“争”的机会，他们能够锻炼自己的意志力和毅力，培养面对挑战和困难的勇气。只有经历过“争”的过程，学生才能够真正理解并学会如何面对和克服困难，也才能真实地感受到自己的成长和进步。

三、“爱·学·争”育人文化的功能

(一)社会功能

“爱·学·争”育人文化能促进学校与社会的融合。学校作为社会的一部分，育人文化能够使学校与社会紧密联系起来。通过构建“爱·学·争”育人文化，学校能够更好地适应社会发展的需求，培养符合社会需要的优秀人才。

"爱·学·争"育人文化能够提高学校的社会声誉和形象。一个拥有积极育人文化的学校能够吸引更多的社会资源,得到社会各界的认可和肯定。这将进一步提高学校的声誉和形象,使其成为一个备受社会关注和追捧的教育机构。

"爱·学·争"育人文化能够促进社会的稳定与和谐。一个注重"爱·学·争"育人文化的学校,一定会注意培养学生的良好品德和公民意识,使他们具备积极的社会责任感和参与意识。这将有助于提高学生的社会责任感,增强社会的凝聚力,促进社会的稳定与和谐。

在这一过程中,学校还承担着培养社会精英和创新人才的任务。通过积极构建育人文化,学校能够培养学生具备创新思维、解决问题的能力,将他们培养成为未来社会所需要的优秀人才。这将为社会的发展带来积极的影响,推动社会的进步和繁荣。

(二)教育功能

在"爱·学·争"育人文化中,教育功能是其中一个重要的方面。教育功能旨在通过各种形式的教育活动,培养学生的知识技能、思维能力和品德素养,促进他们的全面发展和成长。

1.对学生的知识传授和学习引导

学校作为教育机构,承载着向学生传授知识的责任。通过系统的课程设置和教学活动,学校为学生提供了广泛的学科知识和学习机会。教师以积极的教学态度和方法,引导学生积极参与学习,并培养他们的学习兴趣和自主学习能力。

2.对学生的价值观培养和道德教育

学校不仅关注学生的学术发展,更注重培养学生的道德品质和社会责任感。通过以身作则的示范和特色的教育活动,学校能够潜移默化地影响和引导学生形成良好的世界观、人生观、价值观和行为准则。学校注重培养学生的公民意识和社会责任感,使他们成为具有高度道德素质和社会责任感的公民。

3.为学生提供的个性发展和兴趣拓展

学校鼓励学生多元发展,提供各种兴趣小组、俱乐部和社团活动等机会,让学生在兴趣领域中发挥和展示个人特长。通过这些活动,学校不仅能够培养学生的创造力和实践能力,还能够提高他们的团队合作意识和领导能力,在不同领域中获得全面的发展。

4.对学生未来发展的指导和规划

学校通过职业生涯教育和辅导活动,帮助学生找到自己的兴趣、能力和职业发展方向,从而引导他们做出适合个人和社会的选择和决策。学校与各个行业和社会资源的合作,为学生提供了社会实践的平台,有利于他们更好地进入社会并为社会作出贡献。

(三)个人发展功能

个人发展是育人文化的重要目标之一。通过培养学生的个性特长、提升其综合素质,育人文化为每个学生的个人发展提供了有力支持。具体来说,“爱·学·争”育人文化的个人发展功能主要体现在以下几个方面。

1.培养学生的学术能力和知识素养

学校设置丰富多样的课程,开展各类学术活动,让学生在不同的学科领域得到全面的知识训练。学校鼓励学生积极参与科研、实践等学术活动,培养他们的创新思维和解决问题能力。通过学校育人文化的引导和培养,学生的学术能力得到了进一步提升,为他们的个人发展打下了坚实基础。

2.培养学生的个性特长和兴趣爱好

学校为学生提供了丰富多样的艺术、体育、社团等课外活动,让学生有机会发掘和培养自己的潜能。学校鼓励学生积极参与各类比赛、演出和展览,给予他们展示才华的机会。通过这些活动,学生可以发展自己的兴趣爱好,培养自信心和合作精神。这些个性特长的培养不仅有助于学生的个人发展,也为他们未来的职业发展铺就了道路。

3.培养学生的品德和社会责任感

学校弘扬优秀的道德伦理观念,培养学生正确的价值观和道德品质。通过课程、活动和校规校纪的规范,学生被引导形成正确的行为准则,增强他们的社会责任感和公民意识。学校鼓励学生积极参与公益活动,为社会作出贡献。通过这样的育人模式,学校培养了有道德修养和社会责任感的学生,为他们的个人发展也为社会发展提供了坚实的道德支撑。

(四)社区建设功能

在“爱·学·争”育人文化中,社区建设功能被赋予了重要的地位。社区作为一个小型的社会单元,是教育与社会环境的连接点,也是实施“爱·学·争”育人文化的具体载体。社区建设功能旨在通过加强社区教育、培养学生的社会责任感和团队意识,为学生提供一个成长和发展的有益环境。

社区建设功能通过开展社区教育活动,促进学生的社会参与和责任感的培养。学生可以参加各种社区服务活动,如志愿者活动、社团组织等,通过实践和互动,培养自己的社会责任感和公民意识。这种参与式的教育方式不仅使学生感受到社区的温暖和关爱,也增强了他们对社会的认同和归属感。

社区建设功能注重培养学生的团队合作能力和领导能力。在社区中,学生需要与不同背景、不同性格的人合作,就解决各种问题达成共识。通过参与社区团队活动,学生学会了倾听他人的观点,积极表达自己的想法,并与团队成员共同协作、追求共同目标。这种团队合作和领导能力的培养,将对学生未来的职业发展和社会互动产生积极的影响。

社区建设功能也提供了学生发展自己兴趣爱好的机会。学校可以与社区合作,开设各种兴趣班和俱乐部,为学生提供广泛的兴趣课程。学生可以在社区中选择自己感兴趣和擅长的领域,参加相关的活动和训练,展示自己的才能和特长。这不仅为学生的全面发展提供了机会,也为他们未来个人发展和职业规划奠定了良好的基础。

四、“爱·学·争”育人文化的作用

(一)“爱·学·争”育人文化对学生的影响

1.“爱·学·争”育人文化激发了学生对学习的兴趣和热情

学校内积极倡导爱学习的氛围,通过课程设置、教育活动等方式,引导学生主动学习,激发他们的求知欲望。学校提供的丰富多样的学习资源和机会,让学生能够在具有挑战性的学习环境下成长。这种培养学生主动学习的氛围,让学生养成了积极主动探索知识的习惯,提高了他们的学习效果。

2.“爱·学·争”育人文化对学生的心理健康产生积极影响

学校注重培养学生的自尊和自信心，推崇平等和友爱的相处方式，让学生感受到被尊重和被关爱。这种积极的人际关系和学校氛围，对学生的自尊感和自信心的培养极为重要。学生在积极的学习氛围中，不仅能够取得学习上的成功，还能够建立良好的人际关系，增强社交能力，从而提高心理健康水平。

3.“爱·学·争”育人文化的“争”也对学生的影响不可忽视

在学校内，每个学生都要经历一定的竞争。学校注重培养学生的竞争意识和竞争能力，并给予他们机会参与各种学术、文体竞赛。通过参与竞争，学生能够培养自己的毅力和勇气，在竞争中不断提高自己，取得更好的成绩。同时，竞争还能够让学生学会如何面对困难和挑战，增强他们的适应能力和抗压能力。

（二）“爱·学·争”育人文化对教师的影响

在培养“爱·学·争”育人文化的过程中，教师作为教育实践的重要参与者，扮演着不可忽视的角色。育人文化对教师的影响呈现出多方面的特点和功能。

1.激发了教师的教育热情和使命感

教师作为教育者，需要具备教书育人的能力和良好的教育理念。而“爱·学·争”育人文化所强调的爱心、学术追求和积极进取的精神，无疑给予了教师更强烈的动力和责任感。教师在秉持这一文化的指导下，更加坚定了自己的教育信念，愿意为学生的发展付出更多的努力。

2.提高了教师的专业能力和教学质量

在“爱·学·争”育人文化的引导下，教师不仅注重知识的传授，更注重培养学生的综合素养和创新能力。因此，教师需要不断提升自己的专业能力，主动学习最新的教育教学理念和方法。他们积极探索适合学生发展需求的教学策略，通过创设情境、组织讨论等方式，激发学生的学习兴趣和思维能力。借助育人文化的引导，教师的教学质量得到显著提升，也得到了学生和家长的认可。

3.培养了教师的团队协作精神和一体化教育观念

在“爱·学·争”育人文化的倡导下，教师更加重视团队合作和资源共享，积极参与和推动学校育人工作的开展。他们经常开展教研活动，分享教学经验，相互协助解决教学中的问题。同时，育人文化也促使教师在教育中始终保持以学生的全面发展为出发点，关注每一位学生的特点和需求，倡导个性化教育。这种一体化教育观念的形成和贯彻，有助于减少学校中的教育差异，提高了学校整体的教育水平。

(三)“爱·学·争”育人文化对学校的影响

学校育人文化的建设对于学校本身的发展起着至关重要的作用。在“爱·学·争”育人文化的引导下，学校能够在多个方面得到积极的影响和改善。

在“爱·学·争”育人文化的氛围下，学校的整体教育质量得到提升。学校将爱作为核心理念，注重培养学生的爱心和关爱他人的能力。这种爱的教育理念能够激发学生的学习兴趣和主动性，使学生能够积极参与到学习活动中，提高学习效果和学业成绩。学校还强调学生的自我发展和个性培养。通过提供丰富多彩的学习机会和个性化的教育方式，学校使每个学生都能够充分发挥自己的特长和潜能，实现全面发展。这样的教育环境助力学校培养出更多优秀的学生。

“爱·学·争”育人文化对学校的师资队伍和教学质量产生了重要影响。学校建立了严格的师德师风和专业成长体系，倡导教师关注学生的个体差异，根据学生的特点开展个性化教学。这种文化氛围为教师提供了宽松和支持的工作环境，教师能更加积极地投入到教学事业中。学校鼓励教师持续学习和提高自己的专业水平，推动教师不断更新教育理念和教学方法。通过这样的努力，学校的教学质量得到进一步提升，师生成果也得到了有效保证。

“爱·学·争”育人文化的建设对学校的整体形象和社会评价产生了积极影响。学校在构建优质的育人文化和校园环境的同时，注重与社会各界的互动与交流。学校积极开展各类公益活动，参与社会公共事务，树立了良好的社会形象。同时，学校通过培养出一批又一批优秀的毕业生，为社会输送了人才资源。这些优秀的毕业生不仅具备扎实的学术基础和专业技能，更具备处世能力和社会责任感。他们的出色表现使得学校的声誉和影响力不断提升，得到了社会各界的认可和赞扬。

第二节 “爱·学·争”育人文化的影响

一、“爱·学·争”育人文化对学生发展的影响

(一)“爱·学·争”育人文化对学生个人发展的影响

在当今社会中，培养学生的个人发展已经成为教育工作的重要任务之一。“爱·学·争”育人文化作为一种积极向上的教育理念，对学生个人发展产生着深远的影响。

1.培养学生的爱心

爱心不仅体现在对他人的关心和助人为乐的行为中，更重要的是培养学生对自己的关爱和自尊。在这种文化氛围下，学生会意识到自己的独特之处，并学会欣赏自己的优点和努力改进自己的缺点。他们会懂得尊重他人，增强集体意识，形成良好的人际关系。因此，“爱·学·争”育人文化对学生的个人发展起到了积极的促进作用。

2.追求学生的学业发展

在这种教育理念下，教师会因材施教，注重培养学生的学习兴趣和学习方法。他们会给予学生充分的学习空间和时间，鼓励学生充分发挥自己的潜能。学生在学习中会体验到乐趣，激发自主学习的动力，形成良好的学习习惯和学习能力。他们会更加自信，勇于面对挑战，追求卓越，从而取得更好的学业成绩和学术成就。

3.倡导学生勇于争取

在这种文化氛围下，学生会意识到努力的价值和意义。他们会积极参与各种社会实践活动和竞赛，锻炼自己的实际操作能力和解决问题的能力。他们会通过不断的努力和奋斗，逐渐提升自己的竞争力，更好地适应日益激烈的社会竞争。“爱·学·争”育人文化激发了学生的积极性和主动性，也为他们的个人发展注入了持久的动力。

(二)"爱·学·争"育人文化对学生群体发展的影响

"爱·学·争"育人文化不仅对学生个人的发展产生了积极影响,也对整个学生群体的发展产生了正面影响。

"爱·学·争"育人文化注重培养学生之间的互助合作精神。在一个注重"爱·学·争"育人文化的学校中,学生被鼓励互相帮助、团结合作。他们可以共同解决问题、分享知识和经验,从而形成一个积极健康的学习氛围。

"爱·学·争"育人文化培养了学生的竞争意识和积极进取的态度。在这种文化的熏陶下,学生会不断追求进步和提高自己的能力。他们不满足于平庸,而是追求卓越。通过与同学们的竞争,他们不仅能够激发出更大的学习动力,也能够提升自己的实力和能力。

"爱·学·争"育人文化促进了学生的全面发展。在这种文化的引领下,学校会重视学生的综合素质培养,注重培养学生的批判思维、创新能力、合作精神等方面的能力。学生不仅在学术上有所突破,还在艺术、体育、社会实践等方面展现出自己的特长和潜力,从而实现全面发展。

二、"爱·学·争"育人文化对学校发展的影响

(一)"爱·学·争"育人文化对学校教育环境的影响

"爱·学·争"育人文化是一种积极向上的教育理念,它会对学校教育环境产生深远的影响。

1.营造了浓厚的学习氛围

在这样的文化氛围下,学生始终保持着对学习的热爱和追求。他们互相激励,竞争也变得积极正面,每个人都努力争取进步,不断追求知识和成绩的提高。这样的学习氛围使得学校空气中充满了学习的活力,课堂变得生动有趣,学生更加愿意参与其中。

2.促进了师生关系的融洽

在"爱·学·争"育人文化的指导下,教师不仅是学生的导师和知识传授者,更是学生的朋友和引路人。他们倾听学生的声音和关心学生的需求,提供积极的

引导和帮助。而学生也主动与教师沟通交流,分享学习心得和提出各种问题,共同探讨解决方案。这种融洽的师生关系使得学校教育环境更加和谐友善,学习氛围更加浓厚。

3.推动了学校教育环境的创新与改善

学校积极倡导创新思维和实践,鼓励学生在课外开展各种实践活动和社团组织。学生能够充分发挥自己的创造力和想象力,参与到各种科研、竞赛和社会实践中,培养了实践能力和创新精神。学校还引入了新颖的教学方法和技术,如信息技术、智能化教学设备等,为学生创造更加丰富多样的学习方式和环境。

(二)“爱·学·争”育人文化对学校教育质量的影响

1.“爱”的力量使学校教育充满温暖与关怀

“爱”是“爱·学·争”育人文化的核心,通过培养师生之间的感情纽带,学校能够营造一个温馨的教育环境。师生之间的亲密关系使学生感到被尊重和重视,他们在这样的氛围中更加愿意付出努力,学习劲头也越来越足。

2.学校秉持学习的精神,为学生提供优质的教育资源和学习机会

学校以学为中心,注重知识的传授与学生的学业发展。当学校倡导学习,注重知识的积累和深化,学生也会受到影响,激发起他们的学习热情。学习成为一种习惯,学生逐渐培养起自主学习的能力,同时也提高了教育质量。

3.激发学生的竞争意识和自主探究的精神

“争”是“爱·学·争”育人文化的核心价值之一,它鼓励学生在学业上争先进取,不断追求进步。学校创设公平的竞争机会,激励学生潜心学习,并在各个学科中追求卓越。这种积极的竞争氛围不仅能够提高学生的学业水平,也推动了学校教育质量的提高。

(三)“爱·学·争”育人文化对学校教育创新的影响

在现代社会,教育创新是学校发展的重要指标之一。而“爱·学·争”育人文化对学校教育创新有着积极的影响。

首先,"爱·学·争"育人文化鼓励学校积极探索创新方法和教育手段,为学生提供更具个性化的学习环境。通过提供多样化的学习机会和课程选择,学校能够激发学生的学习兴趣,从而促进他们积极参与到创新活动中去。例如,学校可以引入跨学科的项目学习,鼓励学生在实践中探索解决问题的方法,培养学生的创新思维和实践能力。

其次,"爱·学·争"育人文化倡导学校与社会的良性互动,为学校教育创新提供了广阔的平台。学校在与社会各界的合作中,能够获得更多的资源和支持,推动教育创新的开展。与企业合作开展校企合作项目、与社区合作打造社区教育中心等都是"爱·学·争"育人文化的具体体现。通过这些合作,学校能够借助外部的力量推动教育创新,拓宽学生的学习渠道,提高教育教学质量。

最后,"爱·学·争"育人文化还鼓励学校关注教师的专业成长和创新意识培养。学校可以通过组织教师培训、开展教育研讨会等形式,激发教师的创新潜能。教师的工作满足感和创新能力的提高,将有助于促进学校教育的创新发展。学校还可以建立教师创新团队,鼓励教师进行教育教学实验和研究,推动教育创新的深入实施。

三、"爱·学·争"育人文化对职业教育的影响

(一)"爱·学·争"育人文化对职业教育理念的影响

1."爱·学·争"育人文化强调对学生的爱护和关怀

在职业教育中,学生的个体差异较大,他们来自不同的家庭背景、具有不同的学习能力和兴趣爱好。"爱"首先体现在对学生的尊重和理解上,教育者应该根据学生的特点制定个性化的教育方案,注重激发学生的学习动力,提供良好的学习环境,给予他们关怀和支持。

2."爱·学·争"育人文化强调学习的重要性

在职业教育中,学生要学习专业知识和技能,为将来的就业做好准备。"学"就是要求学生养成积极主动的学习态度,培养学习自觉性和自律性,提高学习效果。教育者要创造积极的学习氛围,激发学生的学习热情,帮助他们树立正确的学习观念,提高学习能力和学习效果。

3.“爱·学·争”育人文化强调了对竞争的正确认识和积极参与

在职业教育中,竞争是不可避免的,学生必须面对各种挑战和竞争。“争”表明学生要具备竞争意识和竞争能力,要具备适应社会和职业发展的素质。在实施“爱·学·争”育人的过程中,教育者要锻炼学生的竞争意识和合作精神,培养他们的自信心和团队合作能力,使他们能够在激烈的竞争中脱颖而出。

(二)“爱·学·争”育人文化对职业教育课程的影响

“爱·学·争”育人文化对职业教育课程的影响体现在多个方面。

“爱·学·争”育人文化注重培养学生的全面素质,鼓励学生积极参与实践活动,使其能够具备实际操作和解决问题的能力。在职业教育课程领域,这意味着要将理论知识与实践操作相结合,让学生能够真实地感受到所学知识的应用场景。因此,职业教育课程需要紧跟时代潮流,结合产业发展趋势,不断进行更新和改进,以满足学生发展的需求。

“爱·学·争”学校育人文化推动职业教育课程的个性化发展。每个学生都有其独特的兴趣、才能和优势,职业教育应该针对学生的不同特点和需求,提供个性化的课程设置。“爱·学·争”育人文化鼓励学生发掘自己的潜力,培养自主学习和自主创新的能力。在职业教育课程中,可以采用项目式学习、实践案例等教学方式,让学生能够在实际操作中发现自己的兴趣和优势,并进行深入学习和发展。

“爱·学·争”育人文化还强调合作学习和团队合作精神。在职业教育课程中,可以引入团队项目,让学生通过合作解决问题,培养他们的沟通协作和团队精神。这种合作学习的方式不仅能够增强学生的实践能力,还能够培养学生的领导才能和团队管理能力,为未来的职业发展奠定坚实基础。

(三)“爱·学·争”育人文化对职业教育实践的影响

“爱·学·争”育人文化鼓励学生在实践中展现出爱的精神。职业教育强调学生的实践能力培养,而“爱·学·争”育人文化提倡将爱融入实践过程中。通过教育者的爱心引导和关怀,学生能够更加积极地投入到实践活动中去,展现爱的情感,同时也深刻体会到爱的重要性和积极影响。

“爱·学·争”育人文化对于学生的学习态度和能力提升有着积极的影响。在职业教育实践中,学生需要不断学习和掌握专业知识和技能。“爱·学·争”育人文化提倡学生勇于追求知识，愿意不断钻研、学习，从而提升自身的职业素养和技能水平。同时，它还鼓励学生保持积极的学习态度，不畏困难，勇于挑战自我，通过不断学习和实践的过程来不断提高自己的能力。

“爱·学·争”育人文化在职业教育实践中还影响着对学生的竞争能力培养。职业教育的目标之一就是培养具有竞争力的人才。而“爱·学·争”育人文化鼓励学生不断挑战自我、争取更好的发展。通过秉持“争”的态度，学生能够培养出积极向上、不甘平庸的竞争意识，不断提升自己的竞争能力和适应能力，以应对职业市场的激烈竞争。

(四)“爱·学·争”育人文化对职业教育评价的影响

“爱·学·争”育人文化强调实践能力的培养，追求学生在职业教育中的实际表现和素质提升。在对职业教育的评价中，不再仅仅注重学生的理论知识掌握情况，更加关注其在实践中的应用能力和创新思维。这种评价方式使得职业教育更加贴合实际需求，能培养出更具实践能力的职业人才。

“爱·学·争”育人文化致力于激发学生的学习兴趣和动力，促使他们在职业教育中取得更好的成绩。在这种评价下，学校不再只关注学生的成绩排名和分数，而更注重学习过程中的自主学习、协作学习和创新实践能力的发展。学生被鼓励参与各种实践活动和项目，提升自身的综合素质和职业竞争力。这种评价方式激发了学生的积极性和主动性，对职业教育的发展起到了积极推动作用。

另外，“爱·学·争”育人文化对于职业教育评价的改变还体现在对学校的评价机制上。传统的评价方式往往重视学校的名气和排名，而忽略了学生的个体差异和发展潜力。然而，“爱·学·争”育人文化注重的是学生的个性发展和全面成长。因此，在评价职业教育时，不再把所有学生塑造为同质化的“产品”，而是注重发掘学生的个性优势和潜力，做到个性化评价和终身发展的关注。这种评价机制的转变，使得职业教育更加注重学生的个体差异和发展需求，提高了评价的公正性和精准性。

四、“爱·学·争”育人文化对社会发展的影响

(一)“爱·学·争”育人文化对社会和谐的影响

“爱·学·争”育人文化注重培养学生间的友爱与关怀，使得社会关系更加融

洽和谐。在学校中,学生在日常生活和学习中相互关心、支持和帮助,形成了互助互爱的社区氛围。这种友爱关系不仅体现在同学之间的互动中,还延伸到老师与学生之间的师生关系中。教师以自己的爱心和榜样的力量,引导学生形成和共享健康、积极、向上的社交环境。

“爱·学·争”育人文化强调学习的重要性和个人成长的责任感,促进了社会和谐。学生在这种文化的引领下,养成了勤于学习的良好习惯和态度。他们努力追求知识,注重自我提升,既在学校里取得优异成绩,又关心社会大事,了解社会发展的动态。这种追求学习的热情和责任感,不仅使得学生个人的素质更加完善,也为社会提供了更多有能力、有责任心的人才。

“爱·学·争”育人文化注重培养学生的价值观念和社会责任感,有力地促进了社会和谐。通过教育的力量,学生被引导去关心和关注社会公共事务,积极参与公益活动和志愿者工作。他们培养了尊重他人、宽容包容的品质,以及关爱弱势群体的意识。这种价值观念的灌输和社会责任感的培养,让学生更加关注社会的公平公正,推动社会伦理和道德的健康发展。

(二)“爱·学·争”育人文化对社会进步的影响

“爱·学·争”育人文化作为一种积极向上的育人理念和教育模式,对社会的进步起到了积极的推动作用。“爱·学·争”育人文化注重培养学生的独立思考和批判性思维能力,培养他们具备创新精神和创造力。这种培养目标符合现代社会对人才的需求,能够激发学生的创新潜能,为社会进步注入源源不断的创新动力。

“爱·学·争”育人文化强调全面发展和素质教育,不仅关注学生的学术成绩,更注重培养学生的综合素质和社会责任感。通过提供多元化的教育和培养机会,“爱·学·争”育人文化激发了学生的兴趣爱好,培养了他们的实践能力和团队合作意识。这种全面发展的教育理念有助于培养具有高度综合素质的人才,为社会的进步提供坚实的基础。

“爱·学·争”育人文化倡导积极向上的人生态度和价值观,鼓励学生勇于面对挑战和困难,培养他们坚韧不拔的毅力和积极乐观的心态。这种积极的人生态度不仅有助于学生的个人成长和发展,也对社会的进步起到了重要的推动作用。在现代社会中,积极向上的人生态度和价值观是推动社会进步和发展的关键因素之一。

(三)“爱·学·争”育人文化对社会公平的影响

1.促进教育公平

“爱·学·争”育人文化对社会公平具有积极的影响。它通过提倡全面发展的教育理念,呼吁教育资源的公平分配。在推广这种文化的学校中,教育资源不再仅仅被集中在少数学生身上,而是尽可能地提供给每一个学生。这种公平的教育机会,能够打破家庭背景和社会地位对教育的影响,让每个学生都有机会接受优质的教育。同时,这样的教育环境也能够打破性别、种族和地域等因素对教育公平的制约,实现更为广泛的平等。

2.增强就业机会公平

此外,“爱·学·争”育人文化还有助于提升社会就业机会的公平性。在推行这种文化的学校中,学生不仅注重学习知识,还注重培养实践能力和职业素养。这种实践导向的教育模式使得学生能够更好地适应社会的需求,具备更强的就业竞争力。而当社会中充斥着“爱·学·争”育人文化的学生群体时,就业市场上对于学生的评价和选拔标准会更加客观公正。无论是从学校到社会,还是从社会到学校,都能够促进职业教育的公平性和社会公平的传导。

3.打破社会阶层壁垒

“爱·学·争”育人文化能够对社会公平产生积极的影响,还体现在打破社会阶层壁垒方面。这种文化鼓励学生敢于追求卓越和成功,并且认识到每个人都有机会通过自己的努力改变自己的命运。这样的认识和价值观,能够激发社会各个阶层的人们积极进取和超越自我,更好地实现自身的价值。正是这种推动力,使得社会中的各个阶层都能够参与社会发展和竞争,从而实现公平的社会结构,促进社会发展。

第二章 职业大学文化建设

第一节 职业大学文化建设概述

一、职业大学文化建设的目标

(一)提升校园文化素质

1.加强文化教育

在教学过程中,我们不能只注重学科知识的传授,更要注重培养学生的人文素质和审美能力。例如,在各专业课程中,可以融入一些与传统文化、艺术欣赏等相关的内容,通过学习和讨论,使学生对文化有更深刻的了解。

2.丰富校园文化活动

学校可以举办形式多样的文艺演出、展览、读书分享会等活动,吸引学生积极参与。还可以邀请专业人士来校园举办讲座、讲解,拓宽学生的文化视野,激发他们的文化热情。这样的活动不仅可以提升学生的文化修养,还可以促进同学们之间的交流与合作,形成良好的校园氛围。

3.建设学习型组织,创造良好的学习环境

学校可以建立学生学习文化的榜样,通过校园文化建设引导学生形成自主学习、合作学习和探究学习的习惯。例如,设立学习小组、开展学习交流会、组织学习讲座等,使学生能够相互学习、相互促进,共同提高学习成绩和学习能力。

4.重视为学生提供自主发展的空间和机会

学校可以提供多样化的社团、实践实习、志愿者服务等活动,鼓励学生发挥自己的特长和潜能,培养领导力和团队合作精神。同时,学校还可以鼓励学生参与社会实践活动,通过实践锻炼自己的社会责任感和实践能力。

(二)建立职业教育特色

在职业大学文化建设中,建立职业教育特色是一个重要的目标。通过建立独特的职业教育特色,尽力为学生提供更多的发展机会和优质的教育资源。为了实现这一目标,职业大学应该采取以下措施。

第一,注重与企业、行业的合作,建立产教融合的教育模式。通过与企业合作开展实习实训和项目合作,职业大学可以使学生更好地理解和掌握实际工作中的知识和技能。这样的合作模式可以帮助学生更好地适应就业市场的需求,提高其就业竞争力。

第二,注重培养学生的创新能力和实践能力。通过引入创新教育和实践教育的理念和方法,职业大学可以激发学生的创新潜能,培养其解决实际问题的能力。例如,可以组织创业实践和创新项目,为学生提供创业平台和资源支持,让学生在实践中学习和成长。

第三,注重专业课程的设置和教学方法的创新。通过精心设计和调整专业课程,职业大学可以确保专业知识与实践技能相结合,将学生的学习与职业发展紧密衔接。职业大学还可以采用多元化的教学方法。如问题导向的学习、项目驱动的学习等,激发学生的学习兴趣和动力。

第四,注重培养学生的职业道德和社会责任感。在课程设置中加入职业道德教育,引导学生树立正确的职业伦理观念和价值观。此外,可以通过社会实践、志愿活动等方式,培养学生的社会责任感和公民意识,使其具备良好的职业素养和社会文化素质。

(三)提高学生的综合素养

为了适应现代社会发展的需要,职业大学的文化建设必须着力提高学生的综合素养。综合素养是指学生在知识、技能、能力和道德等方面的全面发展,是学生成功发展的重要基础。在职业大学文化建设中,提高学生的综合素养具有重要意义。

1.提高学生的综合素养有助于培养学生的创新能力

在现代社会中,创新能力是职业发展的关键,也是推动社会进步的动力。通过文化建设,学校应该提供多样化的学习机会和创新平台,促使学生积极参与到创新实践中，培养他们的创新思维和动手能力，进而提高他们的创新能力。

2. 提高学生的综合素养有助于培养学生的社会责任感

职业大学的使命之一是培养德、智、体、美全面发展的优秀人才，他们在职业发展的同时，也要承担起维护社会稳定和发展的责任。通过文化建设，我们可以加强对学生的道德教育，培养他们正确的价值观和社会责任感，使他们具备担当社会责任的能力，为社会的发展作出贡献。

3. 提高学生的综合素养有助于拓宽学生的国际视野

在全球化的背景下，学生需要具备跨文化交流和合作的能力。通过文化建设，我们可以引入国际化的教育资源，开展国际交流项目，培养学生的国际视野和跨文化交流的能力，使他们能够适应全球化的挑战，积极参与国际合作，为国家的发展和交流作出贡献。

4. 提高学生的综合素养有助于促进个人全面发展

通过文化建设，学校可以提供多元化的学习和成长环境，让学生能够全面发展自身的潜能。在这个过程中，学校要注重培养学生的自主学习能力、合作精神、创新思维和实践能力，使他们具备终身学习、综合发展的能力，为个人未来的职业发展打下良好的基础。

（四）塑造良好的校园环境

为了促进职业大学文化建设的全面发展，塑造良好的校园环境是至关重要的一环。只有创造出一个积极、健康、和谐的校园环境，才能为学生的成长提供良好的条件和保障。

1. 营造一个积极向上的学习氛围

通过组织各类知识讲座、学术交流、科技创新等活动，激发学生的学习兴趣和学术探索精神。学校可以邀请优秀的教师和校友来校为学生讲授经验，分享成功故事，激发学生的求知欲望和学习热情。学校还应加强学习环境的建设，提供舒适的教室、现代化的图书馆以及先进的实验设备，为学生提供良好的学习条件。

2.营造一个和谐友善的人际关系

学校应加强学生间的互帮互助、团结友爱的教育，鼓励学生通过互动交流、合作学习等方式培养团队意识和集体荣誉感。加强对学生的心理健康教育也是非常重要的。学校可以开设心理辅导课程，组织心理辅导活动，帮助学生解决学业和生活中的困扰，提高学生的心理素质和抗压能力。

3.重视校园文化建设的多样性

每个学生都应有充分表达自己特长和兴趣的机会。学校要组织丰富多样的文化艺术活动。如书法、绘画、音乐、戏剧等，让学生能够展示自己的才艺和激发创造力。学校还要鼓励学生参与社团活动、志愿者服务等社会实践，培养学生的社交能力和责任感。

4.弘扬校园文化建设的良好氛围

学校应积极宣传和传承优秀的校园文化，彰显学校的特色和魅力。学校领导和教师要树立良好的形象和榜样，引领学生树立正确的价值观和道德观。学校还可以组织各类文化节庆活动，增强学生的归属感和凝聚力，培养学生的爱校情怀。

二、职业大学文化建设的原则

（一）以人为本原则

以人为本原则是职业大学文化建设中至关重要的原则之一。作为一所职业大学，其根本任务是培养适应社会需求的高素质人才，因此，必须将学生置于首位，将他们的发展需求置于核心位置。

在职业大学文化建设中，要关注学生个体的全面发展。职业大学的文化建设应该创造一个有利于学生全面成长和发展的环境，提供多样化的培养模式和丰富的学习资源。要关注学生的学术发展，注重培养学生的专业知识和实践能力；同时，也要关心学生的身心健康，增强心理健康教育和服务，关注学生的情感需求。

以人为本原则要求尊重学生的主体地位和个体差异。每个学生都有自己的兴趣、特长和潜力，应该尊重学生的选择和发展方向。在职业大学的文化建设中，要提供多样化的课程设置和学习机会，以满足不同学生的需求和兴趣。要注重个性化辅导和指导，帮助学生发现自己的优势和潜力，并提供相应支持和培养机会。

以人为本原则同样要求学校创造良好的学习和生活环境。职业大学是学生在校期间的第二个家，应该为学生提供一个舒适、安全、充满活力的学习生活环境。这包括优质的教学设施和学习资源，健全的学生社团和活动组织，以及完善的校园管理和服务体系。在这样的环境下，学生能够更好地学习和成长，形成积极向上的人生态度和价值观。

（二）科学发展原则

在职业大学文化建设中，科学发展原则是一个重要的指导原则。科学发展原则要求学校根据实际情况，科学地进行规划和调整，以实现职业大学文化建设的目标。

第一，进行全面的调研和分析，了解职业大学的实际情况和需求。只有通过科学的研究和调查，学校才能够准确把握问题的本质，找出解决问题的有效途径。

第二，根据调研和分析的结果，制定科学合理的目标和策略。学校需要根据职业大学的发展阶段以及目标群体的特点，确定合适的文化建设目标，并设计出符合实际情况的具体措施和策略。

第三，为了确保职业大学文化建设的科学发展，需要关注各个方面的平衡和协调。在资源配置上，要注重公平公正，合理分配各项资源；在制度建设上，要注重权责清晰，激励机制科学合理；在文化传承上，要注重承前启后，保持创新和传统的有机结合。只有这样，才能够真正实现职业大学文化建设的科学发展。

第四，根据职业大学文化建设的实际情况和需要，不断地进行监测和评估。通过对文化建设成效的评估，可以及时发现问题和不足，调整和优化措施，保持职业大学文化建设的持续发展。

（三）服务社会原则

服务社会原则是职业大学文化建设的核心原则之一。职业大学的使命是培养具备社会责任感和服务意识的专业人才，因此，将服务社会作为文化建设的重要原则具有重要的指导意义。

1. 积极促进与社会的深度融合

积极促进与社会的深度融合意味着职业大学要与社会各界建立紧密的合作关系，开展实践教学、实习实训等活动，使学生有机会在实践中学习，为社会发展作出贡献。职业大学还要开展社会调研和社会需求分析，为社会提供专业化的解决方案，推动社会进步与发展。

2. 注重培养学生的社会责任感

在教育教学过程中，职业大学应该引导学生关注社会问题和现实挑战，培养学生的社会意识和社会责任感。通过开展社会实践活动、志愿者服务等形式，让学生亲身体验社会问题，增强他们的社会认同感和社会责任感，培养他们积极参与社会建设的意识和能力。

3. 在专业领域具备一定的社会责任

这意味着职业大学要注重培养具备专业素养和社会服务能力的专业人才。通过优化课程设置、提高教学质量，使学生获得系统的专业知识和实践技能，能够更好地满足社会的需求和期望。职业大学还要积极开展科研与技术创新，为社会提供科技支撑和解决方案，为经济社会发展作出贡献。

（四）整体优化原则

在职业大学的文化建设中，整体优化原则被视为关键性原则之一。整体优化原则强调将各个方面的文化要素整合在一起，以实现整体的提升和协调发展。这一原则主要包括以下几个方面。

1. 职业大学内外文化的统一

职业大学要将内部和外部文化要素融会贯通，确保内外环境的一致性和协调性。在内部文化方面，学校应注重学术文化、教育理念、办学风格等的统一，以确保每个教职员工都能秉持相同的价值观念和文化建设目标。在外部文化方面，职业大学要与社会各界建立良好的互动关系，借鉴外界的优秀文化资源，使学校的文化建设能够与社会发展趋势相契合。

2.文化要素间的协调配合

职业大学的文化要素众多，包括学术研究、教学方法、学生管理、校园环境等诸多方面。为了实现整体优化，学校应注重各个文化要素之间的协调配合。比如，在课程设置方面，学校可以根据学生的专业需求和社会发展需求进行科学规划，确保各门课程之间的连贯性和有机衔接。在学生管理方面，学校要注重培养学生的全面素质，通过多种形式的教育活动和自主实践，促进学生多方面的能力发展。

3.各级组织单位之间的协同合作

职业大学的文化建设不仅仅是学校领导层的责任，而是需要全体教职员工共同参与和努力的结果。为了实现整体优化，各级组织单位之间应加强协同合作，形成合力。学校必须制订相应的文化建设计划，并设立专门的机构负责协调各个单位之间的工作。教职员工也要认识到自身的重要性和责任，积极参与到文化建设中来，形成齐抓共管的文化建设态势。

4.持续改进和创新

职业大学的文化建设不能止步于现状，而是需要不断地进行调整和改进。学校要根据实际情况，及时总结经验，吸取教训，进行改革创新。在文化建设中，学校可以引入新的思想、新的概念和新的管理模式，以推动文化建设的不断发展和提升。

三、职业大学文化建设的任务

（一）建立职业教育特色体系

建立职业教育特色体系是职业大学文化建设的重要任务之一。职业教育的特色体系是指将职业教育的核心理念、办学理念和教学方法融为一体，形成独特、具有差异化竞争力的办学模式和特色专业群。在当前职业教育发展的背景下，建立职业教育特色体系具有重要的意义和作用。

1.建立职业教育特色体系可以提高教育质量

职业教育特色体系的建立，可以促进教育机构优化教学资源的配置，提供更加个性化、差异化的教学服务。通过构建与行业需求相契合的专业课程体系，提供专业技能培养和职业能力提升的平台，使学生在校期间就能充分接触和熟悉实际工作环境，为未来的就业做好充分准备。

2.建立职业教育特色体系可以推动教学改革

职业教育特色体系的建立需要不断创新教学方法和手段。通过采用多元化的教学方式，如案例教学、实践教学、项目式教学等，可以培养学生的实践能力、团队合作精神和创新思维，提升学生的综合素养和竞争力。

3.建立职业教育特色体系可以增强学校的品牌影响力

职业教育特色体系的形成需要一定时间和积累，但一旦建立起来，将为学校树立独特的办学形象，为学校在教育市场竞争中取得优势地位提供有力的支持。学校可以通过整合优势资源，深入开展产学合作，推动实践教学，打造高水平的职业教育品牌，吸引更多的优秀教师和学生的关注和选择。

(二)建立科学的评价机制

在职业大学文化建设的任务中，建立科学的评价机制是至关重要的一项任务。评价体系的科学性直接关系着对教育质量的准确评估和高效管理。为了实现职业教育的目标，学校应该借鉴先进的评价模式和机制，以适应职业教育的特点和需求。

第一，建立一个全面且多维度的评价体系，以综合评价学生的综合素质和专业能力。该体系不仅应包含传统的成绩评估，还应涵盖实践能力、创新能力和综合能力等方面的评价指标。这样一来，评价结果才能较为准确地反映学生在职业教育中的真实表现。

第二，注重追踪与反馈，以促使学生不断提高自己的能力。职业大学可以考虑使用定期的评价和反馈机制，让学生了解自己在学习过程中的进展情况和存在的问题。教师也可以利用评价结果为学生提供有针对性的指导，帮助他们完善自己的学习和发展。

第三，注重个性化和差异化。每个学生都有自己的特点和潜力，评价系统应充分考虑到这些因素，给予学生充分的发展空间。通过为学生提供个性化的评价，可以激发他们的学习动力和创造力，提高教育的针对性和效果。

第四，与职业教育的实际需求相符。职业大学要根据不同专业和行业的特点，制定相应的评价标准和方法。例如，对于工程技术类专业，应强调实践能力和解决问题的能力评价；对于艺术设计类专业，应注重创造力和审美能力的评价。

（三）培养高素质的教师队伍

为了全面提高职业大学的教学质量和教育水平，培养高素质的教师队伍成为职业大学文化建设的重要任务之一。培养高素质的教师队伍对于职业大学的长远发展和提高培养质量起着关键性的作用。

1.注重教师的专业素养

职业大学教师作为职业教育的重要组成部分，他们的专业知识和技能与学生的职业发展息息相关。因此，职业大学应该加强对教师的专业培训，提高他们的教学能力和职业素养。通过定期的培训和学术交流，教师可以不断更新自己的专业知识，掌握行业内最新的发展动态，为学生提供全面、实用的职业教育。

2.注重教师的创新能力

职业大学教师应该具备创新精神和实践能力，能够积极探索教育教学的新方法和新途径。为了激发教师的创新潜力，职业大学可以组织教师参与项目研究和教学改革，提供丰富的教育资源和平台，鼓励他们积极思考和实践，不断提高教学效果和教学质量。

3.注重教师的教育观念和人文素养

作为职业大学的教师，他们不仅仅是知识传授者，更是学生成长成才的引导者和榜样。因此，教师应该具备积极的教育理念，关注学生的全面发展和个性培养。职业大学可以通过定期的教育教学研讨会和思想交流活动，帮助教师提高其教育观念和人文素养，引导他们积极参与对学生的教育引导，塑造积极向上的学习氛围和校园文化。

（四）优化校园文化环境

校园文化环境是职业大学文化建设中不可忽视的重要方面，它直接影响着学生的学习积极性和个人发展。为了优化校园文化环境，职业大学应该采取一系列的措施。

1.营造一个积极向上、充满活力的文化氛围

通过举办丰富多彩的文化活动,如艺术节、运动会、讲座等,可以激发学生的创造力和参与度。可以设置一些文化展示区域,展示学生作品和校园文化的特色,鼓励学生在文化艺术方面积极表现。

2.促进校园文化建设与职业教育特色相结合

职业大学的文化建设不仅要注重学科学习,还要将职业教育特色融入其中。通过开设相关职业技能培训课程、举办职业展示活动等方式,让学生在校园文化中体验到职业教育的实际价值和意义。

3.倡导建立健康的精神文化生活方式

培养学生的良好习惯和兴趣爱好,如读书、运动、音乐等,有助于提高学生的文化素养和身心健康。学校应配备相关的文化设施,如图书馆、健身房、音乐室等,为学生提供一个舒适、便利的文化学习和娱乐空间。

4.加强校园文化建设的引导与管理

学校管理者应制定相关的文化建设规划和监管机制,加大管理力度,确保校园文化建设的顺利进行。同时,要注重校园文化建设的持续性和可持续发展,逐步形成校园文化建设的长效机制。

四、职业大学文化建设的作用

(一)促进学生的全面发展

在职业大学文化建设中,促进学生的全面发展是一个重要的目标。一个职业大学的主要任务是培养具备职业技能和专业素养的人才,而其中,学生的全面发展是至关重要的。全面发展包括学生的智力、情感、道德、体育、艺术等各个方面的发展。只有全面发展,学生才能更好地适应社会的需求、发挥个人的优势,并为社会作出贡献。

在智力方面,促进学生的全面发展意味着要注重培养学生的创新思维和批判性思维。职业大学不仅要传授学生专业知识,更要培养学生独立思考和解决问题

的能力。通过鼓励学生进行创新实践、开展科研活动，帮助他们培养创新意识和创新能力，使他们能够在职业领域中具备竞争力。

在情感方面，促进学生的全面发展意味着要关注学生的情感健康和人际关系的建立。职业大学应该为学生提供一个良好的学习和生活环境，鼓励学生积极参与社团、组织等活动，培养学生的社交能力和团队合作精神。同时，学校也要加强心理健康教育，提供心理辅导和支持，帮助学生健康成长。

在道德方面，促进学生的全面发展意味着要培养学生正确的价值观和道德观。职业大学应该注重道德教育，在课程设置中融入道德教育内容，引导学生树立正确的人生价值观和职业道德观。通过模范带头人、行业专家的讲座、座谈会等形式，向学生传递正确的职业道德要求和知识，引导学生在职业发展中具备良好的道德素养。

在体育和艺术方面，促进学生的全面发展意味着要注重培养学生的体育素质和艺术修养。职业大学应该为学生提供丰富的体育和艺术活动，鼓励学生参加各类体育运动、艺术表演等，培养学生健康的体魄和综合艺术素养。通过体育和艺术的培养，学生的身心得到健康发展，整体素质得以提高，为将来的职业道路打下坚实基础。

（二）提高学校的内涵发展

在职业大学文化建设中，提高学校的内涵发展是一个重要目标。内涵发展是指学校在教育教学、科学研究、人才培养等方面的全面提升，是学校各项工作的核心。职业大学文化建设的作用在于推动学校的内涵发展，进一步提高学校的整体实力和竞争力。

职业大学文化建设可以促进教育教学的内涵发展。通过建设具有职业特色的文化，学校应在教育教学中注重学生的专业素养和实践能力培养。例如，学校可以加强实践教学、企业合作和实习实训等环节，使学生能够更好地将所学理论知识应用到实际工作中，提高他们的职业素养和就业竞争力。

职业大学文化建设能够推动科学研究的内涵发展。学校作为科学研究的重要阵地，应该建设具有开放、创新和合作精神的文化氛围。通过营造良好的科研环境，激发教师和学生的创新研究热情，引导他们深入研究学科问题，取得科研成果。职业大学应该鼓励和支持教师参与实践创新项目，积极开展应用型科研，为社会经济发展提供技术支持和智力支持。

职业大学文化建设可以加强学校与社会的联系，推动学校的社会服务能力提升。学校应该注重培养学生的社会责任感和服务意识，在职业大学文化建设中注入社会发展的理念。学校可以积极开展社区义工活动、社会实践和公益项目，帮助学生了解社会问题、参与社区建设，培养他们的社会参与能力和公民意识。学校还可以与企业、机构和政府建立更加紧密的合作关系，实现校企合作、产学研结合，提高学校的社会影响力和服务能力。

(三)加强学校与社会的联系

职业大学文化建设的作用之一是加强学校与社会的联系。作为社会的一部分，职业大学肩负着培养社会有用人才的责任和使命。而加强学校与社会的联系，则可以促进学校与社会的资源共享、信息互通，为学生提供更加广阔的发展平台和机会。

1.加强学校与社会的联系有助于学校获取丰富的实践资源

在现实社会中，各行各业都涉及实践操作和技能培养。通过与社会机构、企业合作，职业大学可以为学生提供更多实践机会，使他们能够融入社会实际工作中，熟悉工作环境与流程，提升实际操作能力。学校也可以从合作伙伴中获取最新的行业动态、先进的技术知识，以保持教学内容与实际需求的接轨，更好地培养适应社会发展的人才。

2.加强学校与社会的联系有助于学校开展科研与技术创新

与社会的紧密联系能够促使学校敏锐地捕捉到社会需求的变化和动态，进而指导科研方向的选取。通过与企业、科研机构的合作，学校可以获得实际问题的解决方案，拓展研究领域，提高科研水平。积极开展技术创新，将科研成果应用于实际生产和社会发展，不仅能够为学校带来更多的资源支持，也能够提高学校的知名度和影响力。

3.加强学校与社会的联系有助于拓展学生的就业和创业机会

与企业、行业协会的互动交流，可以让学生更好地了解职业发展的趋势和机遇，增强他们的就业竞争力。学校可以积极牵线搭桥，为学生提供实习、就业和创业的机会，促使他们在实践中锻炼与成长。学校也可以通过职业指导和创业培训等方式，帮助学生树立正确的职业观念，培养创新创业精神，为他们未来的发展奠定坚实的基础。

第二节　职业大学文化建设的原则

一、适应性原则

(一)适应社会发展需求的适应性原则

适应性原则是职业大学文化建设的重要原则之一，它要求职业大学充分认识和理解社会发展的需求，积极调整教育内容和教学方法，以满足社会对人才的需求，进而促进职业大学与社会的有效对接。在适应社会发展需求的过程中，职业大学需要考虑以下几个方面。

首先，职业大学应持续关注社会的发展变化和需求变化。社会发展是一个动态的过程，各行业的需求也在不断变化。职业大学要密切关注社会的发展趋势，了解各行各业的需求变化，以便调整教育内容和培养目标，使学生获得与社会需求匹配的知识和能力。

其次，职业大学要加强与行业的合作，密切与企业、社会组织等合作伙伴的联系。通过与行业的密切合作，职业大学能够更好地了解行业的需求，并根据行业的发展变化进行教育改革和创新。通过与企业合作开展实践教学、实习实训等活动，学生可以更好地了解实际工作环境和需求，培养与实际工作相匹配的技能和能力。

最后，职业大学要加强对学生个体的关注和支持，实施个性化教育。在适应社会发展需求的过程中，不能忽视学生的个体差异。职业大学应为学生提供个性化的培养计划，根据学生的兴趣、特长和发展需求，进行差异化的培养。通过个性化教育，职业大学能够更好地满足学生的需求，使每个学生都能发挥出自己的潜力和优势。

(二)适应教育改革趋势的适应性原则

适应教育改革趋势是职业大学文化建设中至关重要的一项原则。随着社会的不断发展和变革，教育领域也必须跟上时代的步伐，进行必要的改革和创新。职业大学文化建设应当紧密结合当前的教育改革趋势，主动适应、积极引领教育发展的方向。

1.适应教育改革趋势需要与时俱进的教育理念

教育改革的目标是培养适应社会需求的高素质人才,因此职业大学文化建设应当以培养学生综合能力为核心,强调实践教育、创新教育,注重培养学生的创新思维、实践操作能力和团队合作精神。

2.适应教育改革趋势需要与教育政策的导向相一致

政府在推动教育改革时往往会有一系列的政策引导,这些政策的出台旨在解决当前教育领域的问题,推动教育的发展和进步。职业大学文化建设应当充分借鉴教育政策的导向,对教育改革趋势保持高度敏感,及时调整和优化办学模式、教学方法等,以更好地适应教育改革的新要求。

3.适应教育改革趋势需要与行业需求相契合

随着社会的进步和发展,各个行业的需求也在不断发生变化。职业大学作为培养应用型人才的重要阵地,必须密切关注社会各个行业的需求变化,及时进行课程更新和调整,保持与行业紧密对接,使学生的专业知识和实践技能能够与行业需求保持一致,为社会提供更好的人力资源。

4.适应教育改革趋势需要与国际化发展接轨

随着时代的发展,国际化已成为教育领域的重要趋势。职业大学文化建设应当抓住机遇,加强与国际高等职业教育机构的交流与合作,引进国外优秀教育资源,借鉴国际先进教育理念和管理模式,提高职业大学的教育质量和国际竞争力,培养具有国际视野和全球胸怀的应用型人才。

(三)适应学生个体发展的适应性原则

学生的个体发展是职业大学文化建设中至关重要的一环。为了满足不同学生的需求,职业大学文化建设需要遵循适应学生个体发展的原则。

在适应学生个体发展的过程中,职业大学应根据学生的兴趣和特长提供多样化的教育课程。不同的学生具有不同的学习倾向和兴趣爱好,通过提供多样化的课程,能够满足学生个体发展的需求。例如,一些学生对艺术类课程感兴趣,职业大学可以开设相关专业的课程,为他们提供实践机会。而另一些学生可能对科学类课程更感兴趣,职业大学可以提供丰富的科学实验和研究机会,以满足他们的需求。

在适应学生个体发展的过程中，职业大学应注重培养学生的创新能力和实践能力。创新能力和实践能力是现代社会对人才的重要要求，职业大学应努力培养学生的创新思维和实践能力。通过开展创新创业活动和实践项目，学生可以获得实践锻炼的机会，提升自己的专业能力和创新能力。职业大学还可以与企业合作，开展校企合作项目，为学生提供更多的实践机会。

在适应学生个体发展的过程中，职业大学应关注学生的心理健康和综合素质的培养。在现代社会中，学生面临着种种压力和挑战，职业大学应为学生提供专业的心理辅导和支持服务，以帮助他们健康成长。同时，职业大学还应注重培养学生的综合素质，包括人际交往能力、沟通能力、团队合作能力等。这些素质的培养对学生的个体发展起到重要的促进作用。

二、创新性原则

(一)文化传承与创新的平衡

在职业大学文化建设中，文化传承与创新是一个相互依存、相互促进的过程。传承旨在保持和传播传统文化的精髓，而创新则追求在传承基础上的进一步改进和发展。在这个过程中，要求我们找到文化传承与创新的平衡点，既要传承优秀的传统文化，又要勇于创新，适应时代的发展和社会的变化。

文化传承是职业大学文化建设的基础。传统文化是一个国家、一个民族的瑰宝，代表着人民的智慧和品质。在职业大学文化建设中，我们需要传承优秀的传统文化，让学生了解和尊重自己的文化根源。这不仅有助于增强他们的文化自信，也有助于塑造他们正确的价值观和道德观。

仅仅保持传统文化的传承是不够的。职业大学作为教育机构，其使命是培养适应现代社会发展的人才，这就要求学校在文化建设中不断创新。创新是推动社会进步和发展的源泉，也是职业大学文化建设不可或缺的一部分。因此，在传承的基础上，学校需要另辟蹊径，寻找和发展适应时代需求的文化元素和形式。

在寻求传承与创新的平衡时，学校需要注重文化元素的选择和整合。传统文化有丰富多样的元素，如语言、服饰、音乐、绘画等。学校可以通过挖掘和利用这些元素，将其与现代创新相结合，创造出体现时代特色和职业特点的文化形态。例如，学校可以将传统音乐元素与现代音乐风格相结合，创作出具有职业大学特色的音乐作品。

文化传承与创新的平衡还需要在教育过程中得以体现。教师在教学中应该注重对传统文化的传承,通过优秀的教育资源和教学方法,让学生真正领悟和理解传统文化的内涵。但教师也应该培养学生的创新思维,激发他们的创造力和创新能力。通过开展创新性的教学活动和项目,培养学生的创新精神和创新能力,在实践中体验和发展文化创新的乐趣。

(二)创新性原则在教学中的应用

在职业大学文化建设中,创新性原则是至关重要的一项原则。它不仅要求学校在校园文化建设中不断创新和创造,也要求学校在教学中注重创新思维和方法的运用。

在教学中应用创新性原则,需要关注教学内容的创新。传统的教学内容往往过于理论化,学生很难将其与实际应用相结合。因此,学校需要针对不同专业的特点和学生的需求,进行教学内容的创新设计。例如,针对建筑专业的学生,可以将理论知识与实地考察相结合,在实际建筑工地进行学习,提升学生的实际操作能力。

在教学方法上,要体现创新性原则。传统的授课方式通常是老师主导的,学生被动地接受知识。然而,这种方式对于培养学生的创新思维和实践能力并不十分有效。因此,学校应该采用更加开放和互动的教学方法。例如,引入项目实践、小组讨论和案例分析等活动,让学生参与其中,培养他们的合作能力和创新思维。

(三)创新性原则在校园文化建设中的体现

第一,在教育教学活动中充分发挥创新性,为学生提供更加开放、灵活的学习环境。例如,采用问题导向的教学方法,引导学生思考和探索,培养他们的创新思维和解决问题的能力。此外,为学生提供创新实践的机会,鼓励他们参与课题研究、科研竞赛等活动,培养创新意识和实践能力。

第二,在校园文化建设中,创新性原则能够在学校组织的各类文化活动中得到体现。例如,举办创意艺术展览,展示学生的艺术才华和创意作品,激发他们的艺术创作热情。同时,鼓励学生参与学术讲座、论坛等活动,提供与专业领域相关的创新交流平台,促进学术思想的碰撞和创新成果的产生。此外,可以组织创新创业比赛、创意设计大赛等活动,培养学生的创新能力和实践能力。

第三,在校园管理中,创新性原则也具有重要作用。学校可以通过创新管理模式、优化教育资源配置等方式，提高教育教学质量和效益。例如，采用信息与通信技术（ICI）支持教学，构建数字化校园，提供在线学习资源，促进信息技术与教育教学的融合。同时，引入创新的评价体系，从学生创新能力和实践能力的角度评价学生综合素质，激发学生的创新潜能。

三、特色性原则

（一）职业大学的独特性

职业大学作为一种特殊的高等教育机构，具有其独特的特色和价值。职业大学与普通大学相比，更加注重培养学生的职业技能和实践能力，致力于为社会培养具备高素质、高技能的职业人才。这种独特性使得职业大学在文化建设中需要遵循特色性原则，以凸显其独特的办学方向和教育理念。

职业大学的独特性表现在其课程设置的特点上。相比于传统的学科设置，职业大学更加注重实用性和专业性，更紧密地结合职业需求和实际工作，并根据就业市场的变化来调整和优化课程。在特色性原则的指导下，职业大学注重对学生职业发展的培养，开设一系列与行业需求相关的课程，如实践课程、实训课程和行业实践项目等。通过这样的课程设置，职业大学学生能够更好地适应工作岗位的要求，更快地获得职业发展的机会。

职业大学的独特性体现在师资队伍建设上。为了确保教学内容与行业需求相匹配，职业大学需要拥有一支较高水平的师资队伍。特色性原则要求职业大学的师资队伍具备较丰富的职业经验和实践能力，能够将专业知识与实际工作实践相结合，为学生提供更具针对性和实践性的教学。因此，职业大学在招聘、培养和评价教师时，会更加注重他们的职业背景和实践经验。通过这样的师资队伍建设，职业大学可以提供更加贴近实际的教学内容和教学方法，从而提高学生的职业素养和实践能力。

特色性原则在职业大学的实践教学中起到重要的作用。实践教学是职业大学的一大特色，其目的是让学生通过实际操作和实践活动来提升他们的实践能力和解决问题的能力。特色性原则要求职业大学注重与行业合作和实践项目的开展，为学生提供更多的实践机会和培养解决实际问题的能力。通过与企业、行业和社会资源的紧密合作，职业大学可以为学生提供真实的工作环境和实践机会，帮助他们更好地理解职业领域的需求和挑战，并培养解决问题的能力和创新思维。

(二)特色性原则在课程设置中的应用

课程设置是职业大学文化建设中的重要环节,特色性原则在其中的应用至关重要。在特色性原则的指导下,职业大学可以通过独特的课程设置来打造自己的品牌,提供与职业需求相适应的教育。

首先,特色性原则要求课程设置要与职业大学的定位相契合。职业大学应根据自身的特点和办学定位,确定与之相匹配的特色课程。例如,一所职业大学可能以工程技术类专业为主,那么在课程设置中应重点发展相关的基础课程和专业课程,为学生提供丰富的学习资源和实践机会。

其次,特色性原则要求课程设置要具备一定的创新性。职业大学应跟踪行业发展趋势,及时更新课程内容,提供前沿的知识和技能培训。职业大学还可以引入新的教学方法和技术,以提升学生的学习效果和职业竞争力。

再次,特色性原则要求课程设置要注重贯穿实践教学。职业大学的学生更加注重实践能力的培养,因此在课程设置中应该安排充分的实践教学环节。例如,可以组织实训课程、实习实践、校企合作项目等,让学生能够在真实的工作场景中应用所学知识和技能,提高他们的实践能力和就业竞争力。

最后,特色性原则要求课程设置要注重学生的个性发展。职业大学应根据学生的兴趣特长和职业规划,为其提供个性化的选修课程或专业方向选择。这样可以激发学生的学习动力,培养他们发展自身特长和实现个人价值的能力。

(三)特色性原则在师资队伍建设中的体现

特色性原则在职业大学文化建设中扮演着至关重要的角色。在职业大学的师资队伍建设中,特色性原则的应用必不可少。

其一,特色性原则要求职业大学在招聘和选拔教师时要注重寻找具有独特专业背景和工作经验的人才。这些教师不仅要具备扎实的学术基础,更要具备实践经验,能够与实际工作场景相结合,为学生提供真实的案例分析和解决方案。

其二,特色性原则要求职业大学在培养教师的过程中注重培养其特色化教学能力。教师在职业大学中不仅仅是传授知识的角色,更需要具备能够激发学生学习兴趣、引导学生探索的能力。因此,职业大学应该通过开展教师培训和教育,提升教师的专业能力和教学技巧,使其能够运用特色性原则来设计和组织课程,充分发挥自身的专业特长和经验,使学生能够获得更好的学习体验和成果。

其三，特色性原则还要求职业大学要积极建立与行业、企业的联系，将实践教学与实际工作紧密结合起来。师资队伍应该与行业专家、企业实践者进行深度合作，开展实践教学和实践项目，使教师能够深入了解行业最新的发展趋势和需求，将这些信息融入课程中，为学生提供与时俱进的学习资源和实践机会。

(四)特色性原则在实践教学中的运用

在职业大学文化建设中，特色性原则是至关重要的。特色性原则强调学校应该具有自己独特的特点，与其他学校有所区别。在实践教学中，特色性原则发挥了重要作用，旨在培养学生的实际操作能力和应用能力。

特色性原则要求学校在实践教学中注重培养学生的实际操作能力。在职业大学中，理论知识只是学习的一部分，更重要的是学生能够将所学知识运用于实际工作中。因此，学校应该注重开设实践课程，为学生提供实际应用的机会。例如，在工程类专业中，学生可以参与各类实验和工程项目，通过亲身实践来提升自己的实际操作能力。

特色性原则要求学校在实践教学中注重培养学生的应用能力。职业大学的目标是使学生能够顺利就业，因此学校需要将实践教学与职业需求相结合，培养学生解决实际问题的能力。在实践教学中，学校可以组织学生参与一些真实的项目或者与企业合作，让学生能够亲身体验职业工作，并将所学知识应用于实际场景中。通过这样的实践，学生可以更好地理解并掌握所学知识，并为将来的职业发展打下坚实的基础。

特色性原则还要求学校在实践教学中注重培养学生的创新能力。在现代社会中，创新能力是非常重要的一项能力。学校应该通过实践教学来培养学生的创新思维和创新能力。例如，在设计类专业中，学校可以通过组织学生参与设计竞赛、模拟实践和创意项目等形式，引导学生发散思维，激发他们的创新潜能。通过这样的实践，可以培养出学生解决问题的创新方法，并能够在职业生涯中作出贡献。

四、系统性原则与实践性原则

(一)系统性原则的内涵与要求

系统性原则是职业大学文化建设中的重要原则之一。它要求在整个文化建设过程中,各个方面、各个环节能够相互关联、相互支持,形成一个完整的、有机的系统。系统性原则的内涵包括以下几个方面。

系统性原则要求职业大学文化建设过程中的各个要素之间要有密切的联系。这些要素包括职业教育理念、课程设置、教学方法、师生关系、学生自我管理等等。各个要素之间的联系应该是有机的、相互依存的,而不是孤立的、割裂的。只有各个要素之间能够相互配合、相互协调,文化建设才能够健康发展。

系统性原则要求职业大学文化建设中的各个环节要紧密衔接。这些环节可以包括文化建设的规划与设计、组织与实施、监督与评估等等。这些环节之间应该形成一个有机的、流畅的过程,各个环节之间的衔接要紧密无间,避免出现断层或冲突。只有这样,文化建设才能够有序推进,达到预期目标。

系统性原则要求职业大学文化建设中的各个方面要能够相互促进,形成良性循环。文化建设的各个方面应该相互作用、相互促进,形成一个良性循环的机制。例如,通过创新性的课程设置和教学方法,可以培养出更加具有创新能力和实践能力的学生;而这些学生的创新和实践又能够进一步推动文化建设的创新和发展。只有各个方面能够形成良性互动,文化建设才能够不断进步。

系统性原则要求职业大学文化建设需要采取整体的、系统的方法。在进行文化建设的过程中,不能只关注某一个方面或某一个环节,而要以整体的、系统的方式来进行考虑。只有在整个文化建设的过程中,能够充分考虑各个方面的相互关系和相互影响,才能够更好地实现文化建设的目标。

(二)实践性原则的内涵与要求

实践性原则是职业大学文化建设的重要原则之一,它强调在实践中培养学生的能力和素质。实践性原则的内涵包括两个方面:一是让学生积极参与实际工作和实践活动,通过实践来提高学生的综合能力和实际操作能力;二是强调将理论知识与实践相结合,将课堂教学与实践环节有机地结合起来。

实践性原则要求学校为学生提供广泛的实践机会,让学生能够在实践中掌握并运用所学知识。首先,学校应与相关企事业单位建立紧密的合作关系,为学生提供实习、实训、创新创业等实践机会,让他们能够亲身体验和参与真实的职业工作。其次,学校应积极组织各类实践活动,如社会调研、实地考察、实验实训等,以丰富学生的学习体验和实践经验。此外,学校还应引导学生参与社会实践项目和志愿者活动,培养他们的社会责任感和团队合作精神。

在实践性原则的指导下,职业大学文化建设要注重培养学生解决问题和创新能力。学校应提供开放的创新平台和资源支持，鼓励学生提出新的观点和想法，激发他们的创造力和创新意识。同时，学校还应加强实践性课程的设计和实施，注重培养学生的实际操作能力和综合实践能力。通过系统的实践性教学，学生能够将所学知识与实践紧密结合，提高问题解决能力和实践能力。

（三）系统性原则与实践性原则在职业大学文化建设中的应用

系统性原则是指在职业大学文化建设中，需要建立一个系统完整、相互配合的文化体系。首先，要明确文化建设的目标和价值观，确保文化的内涵与职业大学的发展目标相一致。其次，在文化建设过程中，需要建立符合大学特点和办学定位的各类制度。包括组织架构、管理规范、课程设置等，从而形成一个有机的整体。此外，还需要涵盖各个方面的文化内容，如教学文化、科研文化、创新文化等，以充分展现职业大学的特色与优势。最后，还应注重系统性原则在各个层面的融合和共同发展，从整个大学的角度来促进文化的协同运作和提升。

实践性原则是指在职业大学文化建设中，要将理论与实践相结合，注重培养学生的实践能力和创新意识。职业大学文化建设的实践性要求体现在以下几个方面。首先，要注重将知识与实践相结合，通过对实践环节的设置，让学生在实际操作中学习和提升自己的专业技能。其次，要鼓励学生参与实际项目，与企业合作，培养解决实际问题的能力。同时，还要鼓励创新思维和创新实践，为学生提供创新创业的平台和机会，培养他们的创新精神和创业意识。最后，应注重实践性原则在教职员工中的贯彻和实施，为他们提供继续教育、培训和实践机会，不断提高其实践能力和教学水平。

系统性原则与实践性原则在职业大学文化建设中的应用是相辅相成的。系统性原则为文化建设提供了一个框架和指导，使各个文化方面能够有机地结合起来，形成一个有序、系统的整体。而实践性原则则强调实际操作和能力培养，让文化不仅停留在理论层面，更能通过实际实践得到体现和验证。在职业大学的文化建设中，系统性原则和实践性原则相互支持、相互促进，使得文化建设更加全面、深入地贯穿于学校的各个方面。

因此，在职业大学文化建设中，需要同时遵循系统性原则和实践性原则。只有坚持系统性原则，构建一个有机的文化体系，并注重实践性原则的贯彻落实，才能真正推动职业大学文化建设的持续发展，为学生提供一个有利于其全面发展的学习环境和成长平台。

第三节 职业大学文化建设的理念

一、以人为本的理念

(一)以人为本理念的定义及内涵

在职业大学文化建设中,以人为本的理念被视为一个核心概念,它强调将学生放在教育的核心位置,尊重学生的个性和需求,为学生提供全面发展的机会和支持。以人为本的理念不仅仅是一种口号,更是一种思想、一种态度,以及一种指导人们行动的原则。

1.关注每一个学生的个体差异

每个学生都是独特的个体,拥有各自的价值观、兴趣爱好和学习方式。因此,在职业大学文化建设中,学校应该坚持不以成绩论英雄的原则,而是要尊重每个学生的特长和潜能。这就意味着,教师和教育管理者需要采用多样化的教学方法和评价方式,为学生提供多样性的学习体验,帮助他们充分发挥自己的才能和潜力。

2.关注学生的全面发展

职业大学教育不仅仅是传授知识和技能,更是培养学生的综合素质和能力。因此,在职业大学文化建设中,学校应该不仅注重学生的学术成就,还要注重他们的人际交往能力、创新思维和职业素养的培养。这就需要学校在课程设置、教学活动和校园文化塑造等方面,注重学生全面发展的需求和要求。

3.关注学生的参与和归属感

职业大学文化建设应该是一个开放、包容的过程,鼓励学生参与校园事务的决策和管理,并为他们提供合理的参与渠道。同时,要营造良好的校园氛围和文化氛围,让每一个学生都能感到自己的存在和价值,从而增强他们的归属感和认同感。

(二)以人为本理念在职业大学文化建设中的作用

以人为本的理念是职业大学文化建设中的核心思想和主导原则。它强调将人的需求和利益置于首位,关注个体的发展和健康,以提高职业教育的质量和效果。

1. 以人为本的理念能够促进学生的全面发展

在职业大学文化建设中,学校将学生作为发展的主体,关注他们的个性、特长和潜力。通过注重学生的身心健康、对他们综合素质的培养以及职业能力的提高,学生得到了更加全面的发展和成长的机会。学校为学生提供丰富多样的选修课程、实践机会和综合素质培养活动,让他们获得知识和技能的创造力、团队合作精神和领导能力等多方面的能力。

2. 以人为本的理念能够营造积极向上的学习氛围

在以人为本的文化建设中,学校关注学生的学习需求和学业发展,积极提供优质的学习资源和支持。学校建立健全的学习支持体系。包括辅导教师制度、学习指导中心、学习资源共享平台等,帮助学生解决学习中的困难和问题。学校通过营造轻松愉快的学习氛围,激发学生的学习兴趣和动力,让他们更加积极主动地参与学习,提高学业成绩和学习效果。

3. 以人为本的理念能够培养职业素养和社会责任感

在职业大学文化建设中,学校注重培养学生的职业道德和社会价值观,强调对职业素养的培养和提升。学校通过开设职业道德教育课程、组织实践教学和社会实践活动,引导学生树立正确的职业观念和职业道德标准,培养他们的职业操守和职业思维能力。同时,学校也呼吁学生关注社会问题和社会发展,培养他们的社会责任感和公民意识,引导他们积极参与社会公益活动和社会实践,成为有社会责任感和创造力的职业人才。

二、全面发展理念

(一)全面发展理念的定义及内涵

全面发展理念是指在职业大学文化建设中,倡导全面的、多样化的个人发展,并注重个体在学术、职业和人生等各个层面的全面提升。这一理念体现了对学生的关注和尊重，旨在为每个学生提供广泛的发展空间和机会，让他们在校园中充分发展自己的潜力和特长。

在全面发展理念中，个体的多维度发展得到充分重视。这不仅包括学术方面的发展，还包括个人兴趣爱好、社会参与、人际交往等多个方面的发展。职业大学应该提供丰富的选修课程和社团活动，以满足学生多样化的需求和兴趣。同时，学校还应该注重培养学生的实践能力和创新能力，为他们未来的职业发展做好准备。

全面发展理念强调自主性和个体差异。每个学生都有不同的天赋、兴趣和目标，因此应该给予他们更多选择和发展的自由。职业大学应该鼓励学生积极主动地参与各种活动和项目，让他们自由地探索自己的兴趣和潜能。同时，学校还应该提供良好的指导和辅导体系，帮助学生在充分发展的同时，找到最适合自己的发展道路。

（二）全面发展理念在职业大学文化建设中的作用

全面发展理念是指在职业大学文化建设中，强调学生全面、多元、均衡发展的理念。它体现了以人为本的教育理念，追求个体全面发展，注重培养学生的综合素养和能力。

全面发展理念在职业大学文化建设中起到了引导和规划的作用。通过明确全面发展的目标，职业大学能够制定相应的培养方案和课程设置，为学生提供全面发展的机会和条件。这有助于激发学生的兴趣和积极性，使他们充分发展自己的潜能。

全面发展理念在职业大学文化建设中促进了学生的综合素养提升。职业大学注重培养学生的专业能力，也注重培养学生的文化素养、思想品质、体育健康等。通过课程设置、实践活动、社团组织等形式，学生能够全面发展自己的各个方面，提高自身素养水平。

全面发展理念在职业大学文化建设中推动了学生的自主学习和创新精神的培养。职业大学通过提供开放的学习环境和多样化的学习资源，鼓励学生主动参与学习过程，并培养他们的创新能力和实践能力。这有助于学生掌握更多的知识和技能，培养他们对新事物的敏感度和适应能力。

全面发展理念在职业大学文化建设中促进了学生的个性发展和价值观塑造。职业大学强调个体的多样性和独立思考能力，鼓励学生在学习和生活中表现出自己的个性和特长。通过尊重学生的个性发展，职业大学帮助学生形成积极向上的人生态度和正确的价值观念。

三、开放包容的理念

（一）开放包容理念的定义及内涵

开放包容理念是职业大学文化建设中的一个重要理念，其核心思想是鼓励多样性、接纳差异和开展广泛的交流合作。开放包容意味着职业大学应对外部世界敞开大门，愿意接纳各种不同文化、价值观和观念，并积极促进多方面的互动和交流。

在职业大学文化建设中，开放包容理念具有多个重要内涵。首先，它强调开放心态。职业大学应持开放的思维方式，愿意接纳新的观点、新的思想，并及时调整自身的发展策略。通过开放心态，职业大学能够更好地理解和适应变化中的社会需求，从而更好地为社会培养人才。其次，开放包容还意味着尊重多样性。职业大学应尊重不同个体的差异性。包括文化差异、价值观差异以及学习特点等。通过尊重多样性，职业大学可以为学生提供更加包容和宽广的学习环境，激发他们的潜能并促使他们各显所长。此外，开放包容还意味着积极开展国际交流与合作。职业大学应加强与国外高等教育机构的联系与合作，借鉴国外先进经验，提高自身的国际竞争力。通过国际交流与合作，职业大学能够培养具备国际视野和跨文化交流能力的优秀人才。

（二）开放包容理念在职业大学文化建设中的作用

开放包容理念是职业大学文化建设中一项至关重要的理念。它强调以开放的态度对待外部环境和各种资源，以包容的心态对待不同的观点和意见。这一理念在职业大学文化建设中发挥着重要作用。

1. 开放包容理念有助于促进知识的传播与共享

职业大学作为一个学术机构，需要与外界保持联系并获取最新的知识资源。通过与其他高校、企业以及社会各界的合作和交流，职业大学可以拓宽学术研究的视野，获得更多的学术资源和资讯。开放包容理念还鼓励师生之间的知识共享和合作，加强跨学科的交流与合作，促进知识的创新与发展。

2.开放包容理念有助于构建多元化的学术环境

职业大学应该致力于培养具备广泛的知识与素养的人才。只有拥抱多元化的思想与观点,才能促进学术的开放和进步。开放包容理念能够打破传统思维的桎梏,鼓励师生们勇于提出不同意见和挑战现有观念,从而激发创新思维和学术研究的活力。

3.开放包容理念能够促进形成良好的师生关系和学术氛围

通过积极倾听和尊重每个人的声音和观点,职业大学可以建立起和谐的师生关系。师生之间的开放沟通和相互理解有助于建立信任和共识,进一步促进学术研究的合作和发展。开放包容的学术氛围鼓励师生们积极参与学术讨论,分享自己的研究成果,提高学术影响力和水平。

4.开放包容理念能够推动职业大学与社会各界的交流与合作

开放包容的态度能够帮助职业大学主动适应社会的发展变化,并与企业、政府等社会机构进行紧密合作。通过与社会各界的交流和合作,职业大学可以更好地了解社会需求,为培养更符合社会发展需求的人才提供参考和指导。

四、创新进取理念

(一)创新进取理念的定义及内涵

创新进取理念作为职业大学文化建设中的重要组成部分,具有独特的内涵和意义。首先,创新进取理念强调在职业大学发展中注重创新思维与创新方法的应用,不断推动教学、科研、管理等各方面的创新。其次,创新进取理念鼓励职业大学积极拥抱变革和前沿技术,积极探索新的办学模式和教育理念,推动职业教育与社会发展相适应。最后,创新进取理念强调个体与组织的进取精神,鼓励个人和机构通过不断探索和努力,实现个人成长和职业发展。

在传统教育模式中,学生以被动接受知识为主,缺乏主动学习和创新能力。而创新进取理念的应用则意味着职业大学要从被动的教与学中解放出来,通过创新教学方法和激励机制,培养学生的创新能力和创业精神。这包括鼓励学生在课程设计中提出新颖的想法和解决方案,积极参与实践和创新项目,培养学生的实际操作能力和判断能力。

(二)创新进取理念在职业大学文化建设中的作用

创新进取的理念在职业大学文化建设中扮演着重要的角色。职业大学作为培养应用型人才的重要场所,必须注重对学生的创新能力和进取意识的培养。只有通过创新进取的理念,才能够确保职业大学文化建设的全面发展和蓬勃向上的态势。

1.激发学生的创造潜能

在职业大学文化建设中,我们需要注重培养学生的创新思维和创新能力,使他们能够在解决实际问题中提出新的观点和创意。通过引导学生思考和探索,创新进取的理念可以激发学生的创造力,帮助他们在未来的职业生涯中取得更好的成就。

2.推动职业大学文化建设的不断发展

职业大学作为一个开放包容的学术环境,需要不断地追求知识的更新和进步。创新进取的理念正是通过鼓励师生对新知识和新思想的探索,为职业大学文化建设注入了新的能量。只有不断地推动创新,才能使职业大学文化建设保持活力和竞争力。

3.培养学生的创业精神

在当今的社会背景下,创业已经成为越来越多学生的选择。创新进取的理念鼓励学生不断追求新的机遇和挑战,培养他们具备勇于面对风险和创业精神的能力。通过引导学生思考创业的机会和方式,职业大学文化建设能够为学生的创新创业之路提供坚实的支撑。

第三章　职业大学“爱·学·争”育人文化建设

第一节　职业大学“爱·学·争”育人文化建设概述

一、职业大学“爱·学·争”育人文化的重要性

(一)社会发展对职业教育的需求

在当前社会的快速发展和经济转型的背景下,对于职业教育的需求日益增长。职业大学作为培养职业人才的重要基地,在满足社会需求方面扮演着至关重要的角色。随着经济发展的不断推进,职业教育的需求呈现出多样化和个性化的特点。各行各业对于具备职业素养和实际操作技能的专业人士的需求日益迫切,他们希望职业大学能够提供适应时代需求的专业课程和实践机会。

在职业化程度不断提高的社会背景下,职业大学育人文化的重要性得到进一步凸显。传统的教育模式已经无法满足职业人才培养的需求,职业大学需要不断创新育人文化,培养的学生必须具备适应社会发展需求的能力和素质。通过培养学生创新精神、实践能力和职业道德,职业大学可以有效地满足社会发展对专业人才的需要。

随着国家建设人才强国的战略部署,职业大学在育人文化的建设中承担着重要责任和使命。职业大学作为人才培养的重要阵地,肩负着培养高素质、适应社会需求的职业人才的重任。通过建设“爱·学·争”的育人文化,职业大学可以有效提高学生的自主学习能力、创新能力和实践能力,为国家的人才培养作出积极贡献。

社会对职业大学育人文化的要求也在不断提高。社会希望通过职业大学育人文化的建设,培养出具备高素质、创新能力和实践能力的职业人才,他们有能力应对复杂的职场挑战,为社会和经济的可持续发展作出贡献。因此,职业大学育人文化的建设是紧迫而重要的任务,必须积极推进。

(二)职业大学“爱·学·争”育人文化的地位

1.职业大学“爱·学·争”育人文化是培养学生的全面素质和职业能力的基础

在现代社会中,高素质、高能力的人才需求日益增长,而职业大学育人文化旨在培养具备良好道德素养、职业道德、职业技能和综合能力的人才。只有通过培养和培育育人文化,职业大学才能实现其育人目标,确保学生在职业发展和社会参与中具备竞争力。

2.职业大学“爱·学·争”育人文化是学生主体性发展的保证

育人文化的建设不仅关注学生的学术能力,更关注学生的全面发展。职业大学应该注重培养学生的创新精神、实践能力和团队合作精神,使学生在学术领域和实践中都能够有所发展。只有在具备全面素质的基础上,学生才能更好地适应职业发展的需求,更好地为社会作出贡献。

3.职业大学“爱·学·争”育人文化对于学校声誉和社会影响力的提升具有重要作用

一个高度重视育人文化的学校往往能够吸引更多优秀的师资力量和学生资源,形成良好的教育氛围。通过培养出一批具备优秀素质和职业能力的毕业生,职业大学的声誉和社会影响力将得到进一步提升,会吸引更多人才和资源的关注和投入。因此,职业大学育人文化的地位不仅影响学校内部乃至学生自身的发展,还对学校整体的发展具有重要意义。

(三)“爱·学·争”育人文化的价值意义

在职业大学中,建设“爱·学·争”育人文化具有重要的价值意义。

首先,这种文化能够激发学生的学习热情和兴趣。以“爱”为关键词,意味着学校要注重培养学生对学习的热爱和兴趣,以激发他们的学习动力。通过创设丰富多样的学习环境和富有挑战性的学习任务,学生将更加主动地参与学习,提高学习效果。

其次,这种文化能够培养学生的自我学习能力和自我管理能力。以“学”为关键词,意味着学校要注重培养学生的学习能力和自主性,使他们具备自主学习、自我管理的能力。通过引导学生制订学习计划、教授学习方法和技巧，学校可以帮助学生逐步形成良好的学习习惯和自我监督机制，提高他们的自我学习和管理水平。

再次，这种文化对于学生的成长与发展具有积极的影响。以“争”为关键词，意味着学校要注重培养学生的竞争意识和创新精神。通过提供竞赛机会、组织创新活动，学校能够激发学生的竞争动力和创造力，使他们在竞争中不断提高，获得更好的成长与发展。

最后，“爱·学·争”育人文化的建设也有助于提高职业教育的质量和水平。通过注重情感教育、培养学生的职业素养和创新能力，学校可以培养出更多具备实践能力、适应能力和创新能力的优秀人才，为社会各行业的发展提供有力支持。

二、职业大学“爱·学·争”育人文化建设的目标

（一）提高学生的职业素养

为了培养符合时代发展需求的职业人才，职业大学“爱·学·争”育人文化着重强调提高学生的职业素养。提高学生的职业素养，不仅仅是传授职业技能，更包括培养学生的职业道德、职业意识和职业能力。

1.培养学生的职业道德

在校园里，学生应当遵守职业道德规范，如诚实守信、负责任、尊重他人等。学校可以通过开设职业道德课程、组织职业道德讲座和活动等形式，引导学生树立正确的职业道德观念，使其在成长过程中形成正确的职业道德意识。

2.提高学生的职业意识

职业意识是指学生对所学专业的认同感和自觉性。学校可以通过组织实习实训、开展企业合作项目等方式，让学生亲身感受职业实践，增强对职业的认知和理解。引导学生关注行业动态和职业发展趋势，培养他们的职业规划能力和适应能力，使其能够适应未来职业发展需求。

3.提高学生的职业能力

学校应当注重培养学生的实践能力、创新能力和团队合作能力。通过开设实践课程、组织职业技能比赛、推行项目学习等方式，让学生在实践中学习和应用所

学知识，培养实际操作能力。同时，学校还应注重培养学生的创新意识和创新能力，鼓励学生开展创新研究和实践项目，培养他们的创新思维和创新精神。此外，通过开展团队合作项目，学生可以培养合作精神和团队协作能力，增强在职场中的竞争力。

（二）促进学生全面发展

在职业大学“爱·学·争”育人文化建设中，促进学生全面发展是一个重要的目标。全面发展是指培养学生在各个方面都具备均衡的能力和素质，包括知识、技能、态度和价值观等方面的全面提升。只有通过促进学生全面发展，才能真正培养出具备综合素养的职业人才。

1.培养学生的知识和技能

知识是学生学习的基础，而技能则是学生实践能力的体现。学校可以通过丰富多样的教学方法和教材，为学生提供全面的知识教育。学校还应该积极推动实践教学，为学生提供实际操作的机会，帮助他们掌握实践技能。通过知识和技能的培养，学生能够在未来的职业发展中更加具备竞争力。

2.培养学生的良好学习氛围

良好的学习氛围可以激发学生的学习兴趣，提高学习效果。学校可以通过开展各种丰富多彩的学习活动，为学生创造积极向上的学习环境。例如，组织学生参加专题讲座、学术研讨会等活动，引导学生积极参与学习，培养他们的学习主动性和自觉性。学校还可以提供适当的学习资源和设施，让学生能够充分利用各种学习工具，提高学习效率。

3.培养学生的综合素质

综合素质是指学生个性、价值观、人际交往能力等方面的综合提高。学校可以通过开展课外活动和社团组织等形式，培养学生的良好品德和人文素养。同时，学校还可以通过提供实习和实践机会，培养学生的创新精神和实践能力。通过对综合素质的培养，学生不仅能够在职业发展中取得成功，还能够成为社会的有益成员。

三、职业大学“爱·学·争”育人文化建设的任务

(一)传播“爱·学·争”育人理念

为了实现职业大学“爱·学·争”育人文化的建设目标,传播“爱·学·争”育人理念是至关重要的任务。传播育人理念,意味着将这一理念深入人心,让师生、管理者和社会大众都能理解、认同和实践。

首先,要借助现代传媒的力量,以广播、电视、网络等渠道广泛传播“爱·学·争”育人理念。利用这些传媒平台,学校可以通过制作宣传片、举办座谈会、发布宣传文章等形式,全方位地宣传育人理念,让更多的人了解和认同。

其次,发挥师资队伍的主导作用,鼓励教师积极传播“爱·学·争”育人理念。教师是学校育人工作的重要力量,他们既是知识的传授者,更是学生的榜样和引路人。学校可以通过定期的培训、座谈会和教研活动等方式,加强对教师的理念教育,提高教师对“爱·学·争”育人理念的认同度理解,使之成为教师的内在追求和行为准则。

最后,通过开展各类活动来传播育人理念。比如,组织学生参加社会实践,让他们亲身体验“爱·学·争”带来的收获和乐趣;举办主题讲座、展览和比赛,引导学生积极参与,增强他们的自我认同和意愿;邀请企业代表、校友等来校演讲,分享成功经验,激励学生奋发向前。这些活动不仅可以传达育人理念,还能激发学生的学习热情和向上动力。

(二)整合教育资源

整合教育资源是职业大学“爱·学·争”育人文化建设中的重要任务之一。通过整合教育资源,可以优化育人环境,提高教育质量,推动学生全面发展。在整合教育资源的过程中,需要注意以下几个方面的工作。

1. 充分利用校内教育资源

职业大学作为一个综合性高等学校,拥有丰富的教育资源,包括教师队伍、教室设施、实验室等。学校可以通过合理配置这些资源,使其发挥最大的作用。例如,可以安排优秀的教师担任班级导师,指导学生在学业上的发展,并通过开设实践课程、实习机会等,培养学生的实践能力。

2. 积极开展校际合作，共享教育资源

与其他职业大学建立合作伙伴关系，可以共同开展课程设计、教学方法改革等工作。通过合作，可以进一步拓宽学生的学习渠道，提供更多的选择机会。例如，可以组织学生参加其他学校的实践活动、交流访问等，促进学生的跨学院学习和交流，丰富学生的学习经验。

3. 积极与社会企业对接，共享企业资源

职业大学的育人目标是培养适应社会需求的人才，与社会企业的合作是必不可少的一环。通过与企业合作，可以为学生提供实习、实训、实践等机会，使他们能够更好地了解职业领域的实际情况，提高就业竞争力。还可以通过邀请企业代表来校举办讲座、交流等形式，拓宽学生的就业视野，提高他们的综合素质。

4. 加强信息化建设，共享数字化资源

随着信息技术的发展，数字化资源在教育中的作用越来越重要。职业大学可以通过建设数字化教育平台，共享优质的教学资源，提供在线学习和交流的机会。通过在线教学平台，学生可以随时随地进行学习，方便灵活。同时，还可以加强与其他学校、企业等的信息共享，提高资源利用效率。

（三）创新教育方法

在职业大学“爱·学·争”育人文化建设的任务中，创新教育方法是一项至关重要的任务。通过不断探索和实践，学校可以为学生提供更具有前瞻性和实用性的教育方式，以培养他们适应快速变化的社会需求。

在创新教育方法方面，可以通过引入项目驱动教学的方式来激发学生的学习兴趣和动力。项目驱动教学注重学生实践和应用能力的培养，在学生参与实际的项目开发和解决实际问题的过程中，培养他们的创新能力和团队合作精神。例如，可以邀请企业或行业专家来指导学生参与实际项目，并提供实践机会和资源支持，让学生在实践中不断发展和成长。

在创新教育方法方面，需要推进信息技术的应用，将信息技术与教育相结合，为学生提供更现代化、个性化和互动性的学习环境。通过引入在线学习平台、虚拟实验室和教育游戏等工具，可以增强学生的学习效果和学习体验。例如，在线学习平台可以为学生提供丰富的学习资源和学习工具，让学生根据自身的学习进度和兴趣进行学习;虚拟实验室可以让学生在虚拟环境中进行实验,提高他们的实践能力;教育游戏可以激发学生的学习兴趣,增加学习的趣味性和动力。

除了以上创新教育方法,还可以鼓励学生参与社会实践和实习,为他们提供与行业相关的实践机会。通过与企业合作、实地考察、实际工作等方式,让学生接触真实的工作环境和问题,培养他们的实践能力和问题解决能力。同时,还可以培养学生的创业精神,鼓励他们在校期间尝试创业,以培养更多的创新创业人才。

在创新教育方法的实施过程中,还需加强教师队伍的培养和发展,提高他们的教学水平和创新意识。通过组织教师培训、交流研讨和教学观摩等活动,促进教师之间的相互学习和经验分享,提高教师的教学能力和创新能力。

(四)对接社会需求

职业大学的“爱·学·争”育人文化建设旨在培养符合社会需求的高素质人才,因此,对接社会需求成为其重要任务之一。职业大学应积极了解社会的变化与需求,与社会各界广泛对话、深入合作,以因需应变、适应时势的方式,更好地满足社会的需求。

首先,对接社会需求要求职业大学与当地产业紧密结合。职业大学应与当地企业、机构建立紧密联系,在产学研合作中实现经济发展与人才培养的良性互动。通过理论与实践的有机结合,学生可以更加深入了解实际工作环境,提前适应行业要求,为就业打下坚实基础。

其次,对接社会需求需要职业大学不断调整教育内容与方式。随着社会的发展,新兴技术和行业的涌现,人才需求也在不断变化。职业大学应密切关注社会的发展趋势,及时更新教育内容,引入最新的知识和技能培训,帮助学生掌握最前沿的工作方法和技术,提高其就业竞争力。

再次,对接社会需求涉及培养学生的创新能力与实践能力。职业大学应注重培养学生的创新思维和实践能力,通过课内外的实践活动和项目实践,让学生在实际中锻炼、实践和创新,提高解决问题的能力和实际操作能力。只有适应社会发展变化的需求,具备创新能力的毕业生才能更好地适应职场的挑战,为社会的发展做出更大的贡献。

最后,对接社会需求包括注重职业道德与社会责任的培养。职业大学应该将培养学生的综合素质作为育人文化建设的重要目标,加强职业道德教育,培养学生的社会责任感和公民意识。学生要具备积极向上的职业道德和积极向善的社会责任感,使自身的发展与社会的进步相协调,为社会的发展和进步贡献自己的力量。

四、职业大学“爱·学·争”育人文化建设的策略

（一）制定科学的教育政策

职业大学“爱·学·争”育人文化建设的策略之一是制定科学的教育政策。科学的教育政策对于培养人才、提高教育质量、推动学校发展具有重要意义。在制定科学的教育政策时，需要考虑到学校自身发展的实际情况和育人目标的要求。

科学的教育政策需要充分反映职业大学“爱·学·争”育人文化建设的重要性。这意味着政策制定者要认识到职业大学育人文化建设对于学校的发展和学生的成长起到的积极作用。只有重视育人文化建设，给予足够的政策支持，才能够真正实现学校内外育人环境的良性互动。

科学的教育政策应当确立明确的育人目标。这意味着政策制定者需要明确制定的目标，比如培养学生的职业素养、创新能力和实践能力，提高整体素质等。这些目标应该与职业大学“爱·学·争”育人文化建设的理念相契合，使得政策的制定与学校的育人文化目标保持一致。

科学的教育政策应该支持和鼓励教师的专业发展。教师是育人文化建设的中坚力量，他们的专业发展对于育人环境的形成和促进起到至关重要的作用。政策制定者应该提供相应的支持和资源，为教师提供良好的培训机会和发展平台，使他们能够不断提升自己的教学水平和专业素养，进而更好地实现学生的教育目标。

科学的教育政策应该引导学生积极参与学校育人文化建设。学生是育人文化建设的直接受益者，他们的积极参与和主动性对于育人环境的营造至关重要。政策制定者应该通过创造丰富多样的活动和机会，激发学生的参与热情，鼓励他们积极参与各项文化建设活动，培养他们的社会责任感和团队合作精神。

（二）鼓励教师专业发展

鼓励教师专业发展是职业大学“爱·学·争”育人文化建设的重要任务之一。教师是学校的中坚力量，他们的专业素养和教学水平直接影响着学生的学习效果和综合素质的提高。因此，推动教师专业发展，提升他们的教育教学能力和专业

素养，对于推动学校育人文化建设具有重要意义。

1.为教师提供良好的发展机会和环境

学校应该积极营造一个重视教师专业发展的氛围，制订完善的教师培养计划和发展机制。例如，可以组织定期的教研讨论活动，邀请专家学者进行教学指导和培训，以帮助教师更新教学理念、提高教学方法和教学手段。学校还可以设立专门的教师发展基金，用于支持教师参加学术研讨会、进行教学研究和教育教学实践项目。

2.鼓励教师积极参与教育教学改革

教育教学改革是推动学校发展的关键所在，也是教师专业发展的重要契机。学校可以组织教师参与教育教学改革研究和实践项目，鼓励他们在教学实践中不断探索创新，积极借鉴国内外的先进教育理念和经验。学校也要加强对教师的培训和指导，提供必要的支持和资源，帮助教师适应教育改革的需求，提升他们的教育教学能力和专业素养。

3.建立健全教师评价和激励机制，为教师的专业发展提供有力保障

学校可以定期对教师进行教学评估和绩效考核，将教师的教学质量与教学成果挂钩。对于表现优秀的教师，可以给予相应的奖励和荣誉，同时对于需要帮助和改进的教师，学校也要给予有针对性的指导和培训，促进他们的进步和发展。

（三）引导学生积极参与

为了实现职业大学“爱·学·争”育人文化建设的目标，引导学生积极参与是至关重要的一项任务。学生的参与不仅可以增强他们的主体意识和自主学习能力，还能促进他们的全面发展。针对这一目标，学校可以采取以下策略来引导学生积极参与。

第一，营造积极的学习氛围。学校可以建立一个开放、包容、鼓励思辨和创新的学习环境。教师可以利用课堂时间组织丰富多样的教学活动，激发学生的学习兴趣和参与热情。同时，学校还可以设立学生社团和俱乐部，提供各类研究、实践和交流平台，让学生有更多的机会参与其中，充分发挥他们的潜能和创造力。

第二，培养学生的主动性和合作精神。学校可以组织各种项目活动。如实践实习、社会调研、志愿服务等，让学生亲身参与其中，锻炼他们的实践能力和团队

合作能力。同时，教师还应该采用启发式教学方法，鼓励学生主动思考、独立探索，培养他们的创新精神和解决问题的能力。通过这些实际参与和合作的机会，学生将能够更好地体验到学习的乐趣和成就感。

第三，倡导学生参与社会实践和校外活动。学校可以与企业、社会组织等合作，为学生提供实习、实训、社会实践的机会。这样一来，学生将有更多的机会接触社会实际，了解职业发展的要求和挑战。同时，学校也要组织各类校外活动，如比赛、讲座、学术交流等，让学生积极参与其中，扩展他们的视野和交际圈，培养他们的社会责任感和人际交往能力。

第二节　职业大学“爱·学·争”育人文化建设的原则

一、育人为本原则

（一）育人为本原则的内涵

育人为本原则是职业大学“爱·学·争”育人文化建设的核心。它强调将育人放在学校的首要位置，使之贯穿教育教学全过程。在职业大学中，育人为本的内涵可以从多个方面进行阐述。

首先，育人为本意味着关注学生的全面发展。职业大学教育的目标不仅仅是传授专业知识与技能，更重要的是培养学生的综合素质和能力。育人为本强调注重学生个体的成长和发展，包括智力、品德、创新能力等各个方面。通过提供良好的学习环境和教育资源，职业大学致力于培养具有全面素质的人才。

其次，育人为本强调培养学生的职业素养。职业大学致力于培养适应社会需求的应用型人才。育人为本意味着将专业教育与职业实践紧密结合，注重培养学生具备行业所需的实际操作能力和职业发展潜力。在这一原则的指引下，职业大学通过开设实习实训、校企合作等方式，为学生提供与职业相关的实践机会，帮助他们实现从学校到社会的过渡。

再次，育人为本强调教师的角色与职责。教师是育人的主体，他们以身作则、言传身教。育人为本强调教师要具备良好的职业道德与教育素养，与学生建立良好的师生关系，关注学生的个体差异和发展需求，给予其积极的指导和激励。此外，育人为本也强调教师自身的专业素养和不断学习的意识，以提高教学质量和教育效果。

最后,育人为本强调学校和社会的互动与融合。职业大学应紧密关注社会发展的需求和动态,与社会各方面进行密切联系和合作。育人为本意味着与时俱进,根据社会需求调整教育内容和方法,以培养与社会相适应的人才。职业大学可以通过建立校企合作项目、开展社会实践活动等方式,促进学校与社会的良性互动,为学生的职业发展提供更广阔的平台。

(二)育人为本原则在职业大学的实现路径

育人为本原则是职业大学"爱·学·争"育人文化建设的重要指导原则之一,在实现该原则的过程中,需要确定明确的实现路径。在育人为本的前提下,职业大学应该建立起完善的育人体系,包括课程设置、教师培训、学生管理等方面。这样的体系能够确保学生能够全面发展,具备良好的职业素养和扎实的专业知识。

在育人为本的前提下,职业大学应该注重培养学生的职业发展能力。这意味着学校应该与社会各界建立良好的合作关系,提供实习机会、职业辅导等支持,帮助学生在校园内外获得实践经验和职业指导。通过这样的实践机会和指导,学生能够更好地了解自己的职业倾向,提高自我发展的能力,为未来的职业生涯打下坚实的基础。

在育人为本的前提下,职业大学应该积极倡导开放与包容的育人环境。这意味着学校应该鼓励学生多元化发展,充分尊重学生的个性和特长,提供多样化的教育资源和活动。只有在这样的环境下,学生才能真正发展自我,不受束缚地追求个人梦想。此外,学校还应加强对学生的心理健康和情绪管理的关注,提供必要的心理辅导和支持,确保学生能够健康、积极地成长。

在育人为本的前提下,职业大学应该建立起有效的评估体系,对育人为本原则的实施进行定期评估和反馈。通过评估结果的分析,学校可以了解育人工作的效果,及时调整和改进相关的措施和方法。这样的评估体系有助于不断提高育人工作的质量和效果,确保学校能够始终坚持育人为本的原则,为学生提供更优质的教育服务。

职业大学在实现育人为本原则的过程中,需要确定明确的实现路径。建立完善的育人体系、注重学生的职业发展能力、倡导开放与包容的育人环境以及建立有效的评估体系,都是实现育人为本原则的重要举措。只有通过这些努力,职业大学才能真正培养出具有职业素养和专业能力的优秀人才,为社会的发展做出积极贡献。

(三)育人为本原则的实际效果分析

育人为本原则在职业大学“爱·学·争”育人文化的实践中，能够实现学生全面发展。职业大学作为培养应用型人才的重要场所，强调培养学生的综合素质和职业能力。通过将育人为本的原则融入文化建设中，职业大学能够为学生提供全面的发展环境和机会，培养他们的专业技能同时也注重他们的道德修养、创新意识和社会责任感，使学生在全方位得到发展。

育人为本原则在职业大学的实践中，能够促进师生之间的互动与合作。强调育人为本意味着将学生的发展放在首要位置，而教师则扮演着引导和辅导的角色。职业大学通过倡导师生之间的紧密联系与合作，营造良好的师生关系，让学生能够充分发挥自己的潜力，积极参与到学习和实践中去。教师则通过指导学生的过程，关注学生的成长和发展，进一步激发学生的学习主动性和创造力，实现师生共同成长。

在职业大学实践中，育人为本的原则能够增强学校的社会声誉和影响力。职业大学作为服务社会的重要角色，注重培养具有实际应用能力的人才，这也契合了社会对人才培养的需求。采取育人为本的原则，使得学校能够更好地满足社会的期望，培养出既有专业水平又具备良好道德修养的人才，为社会发展做出积极贡献。同时，这也能够提高学校的声誉和影响力，吸引更多的学生和企业的关注与合作，进一步推动学校的发展。

二、职业导向原则

(一)职业导向原则的内涵

职业导向原则是职业大学“爱·学·争”育人文化建设中的重要原则之一。它强调在培养学生过程中，要将职业发展作为主导，将学生的职业规划和发展需求放在首位。职业导向原则的内涵主要包括以下几个方面。

职业导向原则强调培养学生的职业素养和能力。在职业大学育人文化建设中，职业导向原则要求学校注重培养学生的专业知识和技能，使他们具备解决职业问题和适应职业发展的能力。这不仅包括学生所学专业的知识与技能，更包括其他相关的职业素养，如沟通能力、团队合作能力、创新能力等。通过以职业为导向的教育方式，学生能够更好地适应职业发展的需求，提高就业竞争力。

职业导向原则倡导学校与企业、实践环境的紧密结合。职业大学育人文化建设要注重学生在真实职场环境中的实际实践，让学生从实践中感知职业的特点和要求。因此，职业导向原则要求学校积极与企业、行业合作，开展实践教学和实习实训等实践活动，使学生能够接触到真实的职业工作，培养他们解决问题的能力。

职业导向原则着眼于时代变化对职业发展的影响。职业大学育人文化建设要时刻紧跟时代的发展趋势，通过职业导向原则引导学生对职业发展的变化趋势有所了解，并培养他们具备适应和应对变化的能力。这意味着职业大学要注重学生的终身学习能力的培养，使他们能够不断更新知识和技能，适应职业发展中的新变化和新挑战。

职业导向原则要求学校营造全员参与的育人氛围。职业导向的育人文化建设不仅仅是学校的责任，也需要全体教职员工的共同参与和努力。学校要加强对教职员工的培训，使他们具备能够贯彻职业导向原则的能力；同时，学校还要积极引导学生、家长等各方面的参与，形成共同关注、共同努力的育人氛围。

(二)职业导向原则在职业大学的实现路径

在职业大学的“爱·学·争”育人文化建设中，职业导向原则起着重要的作用。职业导向原则可以理解为通过学校的教育教学活动，为学生提供职业发展方向的指导和培养。这一原则的实现路径具有以下几个方面。

1.学校需要积极与行业和企业进行深度合作

通过与行业合作，学校可以了解市场需求，及时调整和优化教学内容和教学方法，以适应职业发展的需要。与企业合作，学校能够提供实践机会和职业培训，帮助学生更好地了解职业要求，提升职业技能。

2.学校应该加强实践教学

实践教学是培养学生职业能力的重要手段。通过实习、实训和项目实践等形式的教学活动，学生能够将所学知识应用于实际工作中，培养实际操作能力和解决问题的能力。学校应该积极与企业合作，提供丰富的实践机会，并建立良好的学生实践基地，为学生的职业发展提供有力支持。

3.学校需要注重对学生职业生涯规划的指导

职业生涯规划是帮助学生明确职业目标、制订职业发展计划和实现职业成功的过程。学校可以通过开展职业指导和辅导活动，帮助学生了解自己的兴趣、特长和价值观，并提供相关信息和资源，引导他们进行职业选择和规划。

4.学校应该鼓励学生参与实践性的课外活动

课外活动可以提供更多的机会让学生发展职业技能和才能。学校可以组织丰富多样的社团活动、实践项目和志愿者活动，让学生参与到实际工作中，锻炼团队合作能力和领导才能。

（三）职业导向原则的实际效果分析

为了全面评估职业导向原则在职业大学“爱·学·争”育人文化建设中的实际效果，学校需要关注育人目标的实现情况，职业导向的教学和实践活动是否能满足学生的职业需求，以及学生的职业适应能力和就业情况等。下面将从这些方面进行具体分析。

职业导向原则是职业大学育人文化建设的核心。学校通过将职业导向融入各个教学环节和实践活动中，使学生在学习过程中建立起与职业需求相关的知识和技能。通过课程设置、实习实训等多元化教学形式，学校培养学生的专业素养和实际操作能力，提高其职业竞争力，为就业做好充分准备。

职业导向原则在促进学生职业发展方面取得了积极的成效。学校通过与本地企业、行业机构的合作，为学生提供实习实训、工作机会等实践平台，使他们能够更好地了解和适应职业环境。学校还积极组织各类职业技能竞赛、实践项目等活动，鼓励学生积极参与，提高其职业技能水平和专业素养。这些努力为学生的职业发展提供了坚实的基础。

职业导向原则在实际应用中也面临着一些挑战和问题。学校需要持续关注职业市场的变化和需求，不断调整课程设置和教学内容，以确保学生所学知识和技能与职业发展需求保持紧密匹配。学校还需加强对学生的就业指导和职业规划，帮助他们更好地规划个人职业发展路径。

全员参与原则在职业导向实际落地中起到了关键作用。教师、辅导员等教学团队的积极参与，能够提供与学生紧密互动的教学环境和指导，有效促进学生的职业成长。同时，学校鼓励学生参与各类职业活动和社会实践，以提高他们的职业认知和实践能力。这一共同努力使得职业导向原则得以充分贯彻和实施。

三、与时俱进原则

（一）与时俱进原则的内涵

与时俱进原则是职业大学“爱·学·争”育人文化建设的重要原则之一。它意味着职业大学要紧跟时代的发展潮流，不断更新观念，适应社会的变化和需求。与时俱进原则首先要求职业大学要积极关注当前的社会热点和问题，及时捕捉到社会的新变化和趋势。通过积极的调查研究工作，不断深入了解行业动态和社会发展动向，从而为学校的文化建设提供准确的依据和指导。

与时俱进原则要求职业大学要及时审视和反思自身的教学、科研、管理等方面存在的问题和不足之处。只有正视问题，才能积极寻找改进和突破的办法。职业大学应该开展对内部的评估和自我评价，与外部专家进行交流和合作，以便更好地了解自身在育人文化建设方面的不足之处，并采取相应的措施加以改进。

与时俱进原则要求职业大学要与社会紧密联系，与产业界、企业合作，实现教学和科研成果的良好对接。面对快速变化的社会和需求不断扩大的市场，职业大学要积极调整教学内容和方式，提供适应社会和行业发展需求的人才培养方案。通过加强与企业的合作，开展实践教学和实习实训，使学生更好地融入社会，提高他们的就业竞争力和适应能力。

（二）与时俱进原则在职业大学的实现路径

在职业大学的“爱·学·争”育人文化建设中，与时俱进原则起着重要的作用。与时俱进原则是指不断适应社会发展的需要，不断更新理念、调整策略，以确保教育与时俱进。实现这一原则需要通过一系列的路径和措施来推动。

职业大学应当加强与产业界、行业协会和企业的合作，建立紧密的协作关系。这不仅有助于了解行业的最新发展动态和需求，还可以借鉴企业的先进管理经验和技术手段。通过与产业界的合作，职业大学可以更好地调整专业设置和课程设置，确保培养出符合社会需要的专业人才。

职业大学需要注重教师队伍建设，提升教师的专业水平和教学能力。为了适应社会的变化，教师应不断学习新知识、掌握新技术，并将其应用到教学过程中。职业大学应根据专业特点和时代需求，招聘具有丰富工作经验和实践能力的教师，为学生提供更真实、实用的教育内容。

职业大学还应鼓励学生主动参与社会实践和实习活动。通过实践，学生可以接触到真实的工作环境和问题，及时了解行业的最新要求和技术变革。职业大学应提供丰富的实践机会，鼓励学生参与竞赛、社会服务等活动，培养他们的实践能力和创新精神。

职业大学应积极推动教育信息化建设，充分利用现代技术手段提供教育服务。通过引入互联网、智能设备等，职业大学可以为学生提供在线学习资源、远程教育等服务，提高教学效果和学习体验。同时，教育信息化也可以促进与时俱进原则的实现，帮助学校及时了解和应对社会发展的变化。

（三）与时俱进原则的实际效果分析

在职业大学的"爱·学·争"育人文化建设中，与时俱进原则被视为一项重要的指导原则。这一原则的内涵在于理念的更新、制度的改革和教育的创新，以适应快速发展的社会变革。

1. 与时俱进原则使得职业大学的教育理念得到了更新和升级

传统的教育理念注重知识的传授和技能的培养，在一定程度上忽视了培养学生的创新能力和适应变化的能力。而通过与时俱进原则的引领，职业大学注重培养学生的综合素质，强调学习能力、创新精神和适应变化的能力。这不仅使得学生在求职市场中更具竞争力，还培养了他们成为具有创造力和适应社会的人才。

2. 与时俱进原则在职业大学的教育实践中体现出了积极的作用

校企合作和教育资源共享的模式得到了广泛的推广，使得学生能够接触到实际的工作场景，增强了他们的实践能力和实际操作的技能。这种与时俱进的教育模式不仅有助于提高学生的就业竞争力，还满足了社会对于职业大学毕业生实用性的需求。

3. 与时俱进原则在职业大学的教育管理和制度改革中起到了重要的推动作用

职业大学积极开展教育管理模式的探索，提出了灵活多样的管理方式，为学生提供更加个性化的学习环境。这种与时俱进的管理方式使得职业大学能够更好地适应社会发展的需求,更好地满足学生的个性化需求。

4.与时俱进原则的应用使得职业大学能够更好地适应未来的发展趋势

随着科技的进步和社会的变革,职业大学需要不断地更新教学内容和培养目标,以培养与时俱进的专业人才。因此,职业大学在文化建设中注重与时俱进原则的应用,不仅能够适应当前的发展要求,还能够更好地为未来的人才需求做好准备。

四、全员参与原则

(一)全员参与原则的内涵

全员参与原则是职业大学“爱·学·争”育人文化建设的重要原则之一。它强调全体师生应当积极参与学校的各项育人活动和文化建设,促进学校的团结合作和共同成长。

全员参与原则要求师生共同参与学校的育人活动。在职业大学中,师生共同追求知识和技能,既是师生之间的互相学习,也是互相培养和互相启迪。师生共同参与学校的育人活动,不仅可以提高教师的专业素养和对学生的综合能力培养,还能够增强师生之间的互动和交流,形成团结和谐的学校氛围。

全员参与原则要求师生共同参与学校的文化建设。文化建设是一项全员参与的工作,师生都应当积极参与其中。通过举办各种文化活动、组织社团团队和开展志愿服务等方式,可以让师生充分展示自己的才艺和能力,增强学校的文化特色,丰富学校的文化内涵。师生共同参与学校的文化建设,既是对个体发展的重视,也是对学校整体发展的重视。

全员参与原则要求师生共同参与学校的管理和决策。在职业大学中,师生共同参与学校的管理和决策有利于形成民主、公平、透明的学校管理机制。师生可以共同参与学校的各级管理机构,并参与各种决策工作。通过师生共同参与学校管理和决策,可以使学校的管理更加科学和合理,保障学校的发展方向符合师生的共同利益。

(二)全员参与原则在职业大学的实现路径

在职业大学的“爱·学·争”育人文化建设中,全员参与原则被视为至关重要的一项原则。它强调了每一位成员的积极参与和贡献,旨在激发每个个体的潜能,推动学校文化的不断创新和发展。实现全员参与的路径不仅仅是一项任务,更是学校文化建设的策略和手段。

1. 构建一个开放包容的学校氛围

学校应该鼓励师生之间的积极互动和交流,打破传统的学生和教师之间的壁垒。教师应该充分发挥作为学术导师的角色,与学生建立密切的关系,关注并引导他们的成长。学生也应该被鼓励参与到学校的各项活动和决策中,发表自己的观点和建议。只有在一个相互尊重、开放包容的环境中,全员参与的实现才能得以有效推进。

2. 建立透明的沟通渠道

学校应该建立一个畅通的沟通网络,确保信息的传递和反馈可以快速有效地实现。这包括定期举行校务会议、教师代表大会和学生代表大会等,让每个成员都有机会表达自己的意见和看法。学校还可以建立在线平台或者社交媒体渠道,供各类信息的发布和讨论。通过透明的沟通渠道,使每个成员可以更加了解学校的决策与规划,提供反馈和建议,从而实现对学校文化的全方位积极参与。

3. 培养一支专业化的文化建设队伍

这些文化建设队伍成员应该具备丰富的经验和专业的知识,能够引领学校文化建设的发展方向。他们应该具备优秀的沟通和协调能力,能够与各类成员有效合作。通过培养一支专业化的文化建设队伍,学校能够更加有针对性地制定和推动各项策略,使每个成员都能发挥自己的才华和潜能。

4. 鼓励并支持各类参与形式和方式,满足不同成员的需求和期望

全员参与并不仅仅局限于参与学校组织的活动和决策,也包括个体在课程学习、实践实习等方面的参与。学校可以提供各类实践课程、社团组织和实习机会,鼓励学生和教师利用自己的专业技能和兴趣参与到社会实践中。通过满足不同成员的参与需求,每个个体都能找到适合自己的参与方式,从而真正实现全员参与。

(三)全员参与原则的效果分析

全员参与原则的实施使得整个职业大学的“爱·学·争”育人文化建设更加民主、开放。每个成员都有权利和机会表达自己的观点和建议,不论是领导者还是普通员工,每个人的意见都应受到尊重和重视。通过广泛的讨论和交流,可以作出更加全面、全局的决策,有效避免了权力集中和个人意志主导的弊端。这种开放的氛围,使得职业大学的育人文化更加丰富多元,更能满足不同成员的需求和期望。

全员参与原则的应用促进了团队协作和人际关系的建立和发展。在育人文化建设的过程中,全员参与原则要求成员之间积极合作,互相支持和帮助。这样的合作关系建立了互信和团队凝聚力,使得职业大学各个部门之间紧密联系,相互协作,共同推进育人工作。基于全员参与的原则,在决策过程中可以吸纳各个成员的智慧和经验,加强团队的决策能力和创新能力,从而为职业大学的发展提供更多的动力和支持。

全员参与原则的实践落地有效推动了职业大学的改革和创新。全员参与原则要求每个成员持续学习和追求创新,在不断改进中提升自身的素质和能力。在职业大学的文化建设中,全员参与原则激励着每个成员积极学习先进的教育理念和方法,积极探索职业大学育人工作的新模式和新路径。这种学习和创新的氛围,使得职业大学能够适应社会的发展需求,为学生提供更高质量、更有针对性的育人服务。

全员参与原则的实际应用使得职业大学能够实现持续的进步和发展。通过全员参与,每个成员都有机会提出自己的建议和改进意见,并在实践中不断优化和完善育人文化建设的各项工作。这种持续改进的精神和行动,使得职业大学的育人工作能够与时俱进,不断适应社会的变化和学生的需求。这种持续的发展,为职业大学树立了良好的声誉和形象,同时也为学生的成功和发展奠定了坚实的基础。

第四章　“爱·学·争”育人文化与职业大学课程教学

第一节　职业大学课程

一、职业大学课程的特点

（一）实用性特点

实用性是职业大学课程的重要特点之一，它体现在课程内容的选取、教学方法的设计以及学习活动的开展上。

1. 内容的选取

与传统学术课程相比，职业大学课程注重培养学生实际工作中所需的知识、技能和态度。在确定课程内容时，职业大学课程通常以实际工作中的实际问题和案例为基础，注重将理论与实践相结合。例如，在医学专业的职业大学课程中，学生将学习与临床实习相关的各种医疗技术和实际操作技能，以便能够胜任将来的医疗工作。

2. 教学方法的设计

为了培养学生的实际操作能力和解决实际问题的能力，职业大学课程通常采用多种教学方法。如案例分析、实践操作、团队项目等。这些教学方法能够激发学生的学习兴趣，提高他们的实际动手能力。例如，在工程专业的职业大学课程中，学生可能会进行多次的实践项目，以锻炼他们的工程设计和实施能力。

3. 学习活动的开展

为了培养学生的实际工作能力，职业大学课程通常注重学生的实践实习和对实际项目的参与。通过参与实际的工作环境和项目，学生能够获得真实的工作体验，提高自己的实际工作技能。例如，在商务管理专业的职业大学课程中，学生可能需要参与实际企业的市场调研和营销策划，从而锻炼自己的市场分析和营销能力。

（二）专业性特点

在职业大学课程中，专业性特点被认为是一项重要的特征。职业大学课程旨在培养学生具备特定职业所需的专业知识和技能，因此专业性成为其不可或缺的特点。

1. 内容的专业性

这种专业性是指课程内容与特定职业领域密切相关，涵盖了相关的理论知识和实践技能。例如，在酒店管理专业的职业大学课程中，学生将学习关于酒店运营管理、客户服务、市场营销等方面的专业知识以及酒店预订系统操作、前台礼仪等实践技能。这些专业的课程内容有助于学生积累职业所需的专业知识，并为将来的职业发展奠定坚实的基础。

2. 学习方法的专业性

学习方法的专业性指的是学生在学习过程中要运用特定的方法和技巧来提高专业能力。这包括如何获取和解读专业文献、如何进行实践操作和实验、如何参与专业讨论与合作等。以医学类职业大学课程为例，学生需要通过实验室实践、临床实习等方式来巩固理论知识，并学习医学文献阅读和写作等专业技能。通过专业的学习方法，学生能够更好地掌握和应用所学的知识和技能，为将来的工作做好充分准备。

（三）灵活性特点

职业大学课程的灵活性特点是指其适应性和应变性。在职业大学教育中，灵活性体现在课程设置、教学方法和学习方式上。

1. 课程设置的多样性和个性化

与传统学术导向的课程不同，职业大学课程更加注重实践和应用。因此，课程内容不仅涵盖了理论知识，还包括实际操作技能和工作经验的培养。这种多样性和个性化的课程设置可以满足学生的个别需求和兴趣，给他们提供更加丰富和实用的教育资源。

2.教学方法的多样性

职业大学课程注重培养学生的实践能力和解决问题的能力,因此教学方法更加注重实践和互动。例如,课堂教学可以采用案例分析、小组讨论、角色扮演等方式,以便学生能够主动参与和实践。这种多样性的教学方法有助于提高学生的学习效果和能力培养,使其更好地适应职业发展的需求。

3.鼓励学生采取灵活的学习方式

传统的教育模式通常是面授式的,但在职业大学课程中,学生可以选择线上学习、混合式学习或者个人自主学习等方式。这种灵活的学习方式可以让学生根据自己的时间安排和学习能力进行自主学习,更好地发挥自身的潜能和取得更好的学习效果。

二、职业大学课程的目标

(一)技能掌握目标

1.提升实际操作技能

职业大学课程的技能掌握目标是培养学生在实际操作方面的能力。通过系统的理论学习和实践训练,学生能够熟练地掌握所学专业领域的实际操作技能。在职业大学课程中,学生将接受各种实际操作的训练,包括但不限于实验室实践、现场实习、模拟操作等。这些训练旨在让学生熟悉并掌握所学专业的实际工作技能,使其具备从事相关工作的能力。

2.发展创新思维能力

除了提升实际操作技能,职业大学课程还注重发展学生的创新思维能力。在当今竞争激烈的社会环境中,创新能力已经成为职场成功的重要因素之一。因此,在职业大学课程中,学生将接受创新教育,培养创新意识和思维方式。通过课程设计的创新性安排,引导学生进行实践探索和解决问题,培养其创新能力,使其能够在职业领域中不断创新和适应变化。

3.培养团队合作能力

在现代社会,团队合作已经成为许多行业中不可或缺的一部分。因此,在职业大学课程中,学生将有机会参与团队项目,与其他学生一起合作完成任务。这种团队合作的实践能够培养学生的沟通、协作和领导能力,使其成为团队中的积极贡献者。

(二)专业素养培养目标

为了实现职业大学课程的目标,专业素养的培养成为其中不可或缺的一部分。专业素养培养目标的核心在于通过课程的设计和教学的实施,培养学生在专业领域内所需的知识、技能、态度和价值观。

专业素养的培养目标是使学生熟练掌握并运用所学专业知识。这包括对专业基础理论知识的掌握和理解,以及对专业实践技能的熟练应用。通过系统的课程设置和有针对性的教学方法,学生能够在课程学习中逐渐掌握专业知识,并能够在实际工作中灵活运用。

专业素养的培养目标在于培养学生的创新能力和问题解决能力。在职业大学课程中,学生需要通过实践学习和项目实训等形式,培养解决实际问题的能力。课程教学应注重培养学生的观察力、分析能力、综合能力和创造力,使他们具备发现问题、分析问题和解决问题的能力。

专业素养的培养目标包括培养学生的职业道德和社会责任感。在职业大学课程中,培养学生的职业道德意识和社会责任感是非常重要的。课程教学应注重培养学生的职业操守,使他们具备尊重职业道德规范、积极承担社会责任的意识和行动。

在实施专业素养培养目标时,需要教师和学校与行业、职业实践结合,注重课程与实践的衔接,设计实践性教学内容和任务。通过校企合作、实习实训等方式,提供学生实际工作经验的机会,进一步培养学生的专业素养。

(三)个人发展目标

在职业大学课程中,个人发展目标是非常重要的一部分。个人发展目标旨在培养学生的综合素质和个人能力,帮助他们在职业发展的道路上取得成功。

个人发展目标包括培养学生的自我管理能力。通过课程的设计和实施,学生将学会制定个人目标、规划学习时间、管理学习资源等，从而提高自己的自我管理能力。这将为他们未来的职业生涯奠定坚实的基础。

个人发展目标包括培养学生的团队合作能力。在职业大学课程中，学生需要参与各种团队项目和实践活动。这将帮助他们学会与他人合作、协调团队成员之间的关系、有效沟通等。团队合作能力的培养不仅对学生今后的职业发展有重要意义，也培养了学生的社交能力。

个人发展目标涉及培养学生的创新和创业能力。职业大学课程提供了丰富的机会，帮助学生发展创新思维，培养创造力，并鼓励他们将创新能力应用于实践中。通过培养学生的创新和创业能力，职业大学课程旨在培养具有创新精神和创业意识的人才，满足社会对创新创业人才的需求。

个人发展目标还包括培养学生的职业道德和职业素养。职业道德和职业素养是职业发展不可或缺的一部分。通过职业大学课程，学生将学习职业道德的重要性，理解职业道德规范，并且在实践中应用。同时，学生还将培养职业素养，包括职业形象、职业技能和职业操守等，使他们在职业生涯中能够胜任各种职业角色。

三、职业大学课程的类型

(一)基础课程

基础课程作为职业大学课程的一种类型，具有其独特的特点和重要的目标。在职业大学教育中，基础课程的作用不可忽视。基础课程旨在为学生提供必要的知识和技能基础。这些课程通常包括数学、英语、计算机基础等学科，它们为学生奠定了学习和发展其他课程的基础。通过学习基础课程，学生可以掌握必要的思维方法和技能，为未来的学习和职业发展打下坚实的基础。

基础课程有助于培养学生的综合素质和能力。在基础课程的学习过程中，学生不仅需要掌握具体的知识和技能，还需要培养解决问题的能力、团队合作能力和创新意识等综合素质。这些综合素质和能力在职场中起着重要的作用，帮助学生更好地适应工作环境和应对各种挑战。

基础课程为学生提供了广阔的学科选择和发展空间。职业大学的基础课程涵盖了多个学科领域，学生可以根据自己的兴趣和发展方向选择相应的课程。这样一来，学生有机会探索不同的学科领域，并在其中找到自己的兴趣和潜力，为未来的专业发展做好准备。

(二)专业课程

专业课程是职业大学教育中的重要组成部分。它们为学生提供了深入学习和专业培养的机会,旨在使学生掌握相关领域的专业知识和技能。专业课程的目标是培养学生成为具备实践能力的职业人才,为他们未来的职业发展做好充分准备。

专业课程注重对学生专业知识的传授。在专业课程中,学生将学习基本的理论知识和技术要点,掌握相关的学科知识体系和方法论。通过系统的学习,学生能够建立起对所学专业领域知识的扎实理解,并能够将理论知识应用于实际问题的解决中。

专业课程着重培养学生的专业技能。在这些课程中,学生将有机会学习和实践相关的技术和技能,包括实验操作、实地考察、项目实践等。通过实践环节的安排,学生能够真实地感受和应用所学的专业知识,提高自己在实际工作中的操作能力和解决问题的能力。

专业课程注重学生的专业素养培养。专业素养是指学生在专业领域的专业道德、职业操守、团队合作、创新能力等方面的素质要求。通过对专业课程的学习,学生将接触到实际工作场景和案例,了解行业规范和职业道德要求,培养自己的创新思维和实践能力,并学会团队合作和提高沟通能力。

专业课程还注重培养学生的综合能力。综合能力是指学生在专业领域中综合运用所学知识和技能,解决复杂问题的能力。在专业课程中,学生将接触到实际案例和项目,要求他们通过分析、评估和决策等环节,培养自己解决问题的能力和创新思维,能够在复杂的工作环境中独立思考和提出有效的解决方案。

(三)实践课程

实践课程在职业大学课程中占据着重要的地位。它是培养学生实际操作能力和解决实际问题能力的关键环节。与基础课程和专业课程相比,实践课程更加注重学生能够运用所学知识和技能进行实际操作和实践行动。通过实践课程,学生能够在真实的环境中应用所学,增强自己的实践能力和创新能力。

实践课程涉及多种形式。例如实验课、实训课、实地考察等。这些课程旨在将理论知识与实际操作相结合,使学生能够更好地理解和应用所学的理论知识。

实践课程不仅帮助学生掌握相关技能，还能培养学生的实际动手能力和解决问题的能力。通过实践课程，学生能够学习到更多的实践经验，提升自己在职场中的竞争力。

在实践课程中，学生将面临真实的挑战和问题。他们需要运用所学知识和技能，提出解决方案，并在实际操作中进行验证和调整。这种实践过程不仅增强了学生的实际操作能力，还培养了他们的团队合作精神和创新思维能力。通过与同学们的合作、与实践导师的互动，学生能够在实践中获得更多的启发和成长。

实践课程的目标是培养学生的实际操作能力和解决实际问题的能力。通过对实践课程的学习，学生能够更加理解和掌握所学知识，在职业发展中更具竞争力。实践课程的教学过程应该注重培养学生的实际操作能力和创新思维能力，注重培养学生的实践精神和解决问题的能力。

(四)创新课程

创新课程是职业大学课程体系中的一项重要组成部分。它以培养学生的创新能力和创新精神为主要目标，注重培养学生的独立思考能力和对问题的解决能力。创新课程的核心理念是鼓励学生突破传统束缚，融入新的思维模式和创新方法。

1.创新课程注重培养学生的创造力

通过提供丰富多样的学习资源和学习环境，学生可以自主选择和探索自己感兴趣的领域，激发他们的创新潜能。创新课程鼓励学生解决现实生活中的问题，通过自主设计和实施项目，培养学生的创新思维和实践能力。

2.创新课程强调跨学科的综合能力

在创新课程中，学生不仅需要掌握某一专业领域的知识，还需要具备跨学科的综合素养。通过与不同学科领域的知识和技能的结合，学生可以更好地应对复杂、多变的现实问题，培养解决问题的综合能力和创新思维。

3.创新课程注重实践和实验

创新的核心是实践，只有通过实践，学生才能将理论知识应用于解决实际问题。创新课程提供了各种实践机会，包括实地考察、实验设计、创新项目等。通过这些实践活动，学生可以通过亲身体验，加深对知识的理解，并培养实践操作能力和创新思维。

4.创新课程注重合作与交流

为了培养学生的团队合作精神和沟通能力,创新课程通常设置有小组项目和团队合作任务。学生需要协同工作,共同解决问题,通过合作交流,培养彼此之间的协作能力和创新思维。此外,创新课程也鼓励学生参与学术交流和实践活动,促进他们与外界的交流和合作,拓宽视野。

四、职业大学课程设置的任务

(一)提供技术技能训练

技术技能训练是职业大学课程的重要任务之一。职业大学旨在培养具备实践能力的专业人才,因此,提供技术技能训练是非常关键的。通过对技术技能的培养,学生能够掌握实际操作和应用所学知识的能力,提升其在职场中的竞争力。

1.提供技术技能训练有助于学生获得实际操作的经验

在职业大学课程中,学生会接触到各种与所学专业相关的实际案例和实践项目。通过参与这些实践活动,学生能够将课堂所学知识应用于实际情境中,锻炼自己的操作技能。例如,在学习餐饮管理专业的过程中,学生会参与实际的餐厅运营,从事调配菜品、管理服务等工作,通过这样的实践训练,学生可以熟悉职场环境,提高自己的操作水平。

2.技术技能训练能够帮助学生建立与职业相关的技能体系

在职业大学课程中,学生会学习相关的专业知识和技能,这些知识和技能构成了他们未来从事特定职业所必备的能力。通过系统的技能训练,学生可以逐步掌握并完善这些技能,培养出扎实的专业素养。例如,在学习汽车维修专业的过程中,学生会接受相关的理论知识讲解和实际操作演练,逐步掌握汽车维修的技术要点和操作规范,从而为今后从事汽车维修工作打下坚实的基础。

3.提供技术技能训练有助于学生的就业和职业发展

在现代社会,拥有一定的实践经验和技术技能是求职者的重要竞争力。通过职业大学课程中的技术技能训练，学生能够提升自己在就业市场中的竞争力，增加就业机会。此外，技术技能的培养也使学生具备了进一步发展和深造的基础。对于一些想要深入从事某个领域的学生来说，职业大学课程提供的技术技能训练为他们继续深造和发展提供了良好的基础。

(二)促进专业素养培养

在职业大学课程中，一个重要的任务是促进学生的专业素养培养。专业素养是指学生在所学专业领域内所具备的知识、技能和态度等方面的能力。通过职业大学课程的设计和开展，可以有效地提高学生的专业素养。

1.职业大学课程重视学生的专业知识学习和理解

课程设置针对性强，涵盖了专业领域的基础知识和前沿发展，帮助学生建立起扎实的学科基础。通过课程的学习，学生可以系统地学习和掌握专业知识，为以后的职业发展奠定坚实的基础。

2.职业大学课程强调对学生的专业技能培养

课程设置不仅关注理论学习，还注重实践操作和技能训练。通过各种实践教学活动，如实验、实习、项目实践等，学生能够接触到真实的工作环境和实践问题，培养出一定的实际操作能力和解决问题的能力。这样的实践经验有助于将理论知识应用到实际工作中，并能提高学生的专业技能水平。

3.职业大学课程着重培养学生的职业思维和创新能力

通过开设课程中的案例分析、讨论和项目研究等活动，学生可以培养批判性思维和解决问题的能力。同时，课程也鼓励学生从不同的角度去思考问题，激发他们的创新潜能和创新思维。这种培养方式能够帮助学生在未来的职业生涯中应对各种挑战和变化，让其具备持续学习和发展的能力。

4.职业大学课程注重塑造学生的职业价值观和职业道德

课程设置中融入了职业道德和伦理规范等内容，帮助学生树立正确的职业观念和职业道德，培养良好的职业态度和职业行为习惯。这样的教育引导能够使学生具备良好的职业素养和道德修养，成为社会各界认可的职业人才。

(三)塑造良好职业态度

职业大学课程的任务之一是塑造学生的良好职业态度。良好的职业态度对于学生未来的职业发展至关重要,它不仅与学生的职业素养密切相关,也直接影响着学生在职场中的表现和发展。在职业大学课程中,通过一系列的教学活动和实践经验,培养学生具备积极向上的职业态度,促使他们正确认识职业,并养成良好的职业行为习惯。

职业大学课程通过引导学生了解不同职业的基本要求和特点,帮助他们树立正确的职业观念。学生需要明确自己选择的职业对于个人发展的重要性,明白所从事的职业对于社会的意义和价值。通过丰富的案例分析和实地考察,学生可以深入了解不同职业领域的发展前景和挑战,从而对自己的职业选择有更为明确的认识。

职业大学课程注重培养学生的职业责任感和职业道德。学生需要明白,职业不仅仅是一份工作,更是一种社会责任和担当。课程设计中,学生将接触到一系列与职业道德相关的案例和问题,通过讨论和分析,引导学生形成正确的职业道德观念,强化他们对于职业责任的认识和理解。课程还注重培养学生的团队合作意识和沟通能力,以便在职场中更好地与他人协作,展现出良好的职业品质和职业道德。

职业大学课程通过实践环节的设置,帮助学生全面了解职场中的真实情境,并培养他们适应职场环境的能力。学生将通过模拟实践、实习实训等形式,接触和解决实际职业场景中的问题,锻炼他们的解决问题能力和应变能力。在实践过程中,教师将扮演着指导者和引导者的角色,帮助学生积累宝贵的职业经验,并指导他们如何在职场中保持积极的心态和正确的职业态度。

五、职业大学课程的功能

(一)技能提高功能

技能提高是职业大学课程的一个重要目标和功能,它旨在帮助学生提高他们在特定领域的专业技能和实际操作能力。通过对职业大学课程的学习,学生可以掌握相关的技术和工具,了解行业的最新发展趋势,增长实践操作的能力。

1.职业大学课程注重实践教学

与传统的理论课程不同，职业大学课程更加注重对学生的实践操作能力的培养。通过实践教学，学生可以真实地接触到各种实际情境，学习并应用相关专业技术。例如，在销售课程中，学生可以参与各类销售活动，学习销售技巧和策略，并在实际情境中进行销售实践。这种实践性的教学模式有助于学生将理论知识转化为实际操作能力，提高他们在特定领域的技术水平。

2.职业大学课程注重专业技能培养

在职业大学课程中，学生将学习各种与职业相关的专业知识和技能。这些课程涵盖了行业中的各个方面，如营销、会计、人力资源管理等。通过系统的学习和实践，学生可以掌握与特定职业相关的核心技能，如市场调研、财务分析、人力资源管理等。这些专业技能的培养有助于提高学生在职场中的竞争力和适应能力。

3.职业大学课程注重实际案例分析

为了培养学生解决实际问题的能力，职业大学课程经常使用实际案例进行教学。学生可以分析各种真实案例，探讨产生问题的根源和解决方案。通过这种方式，学生可以在实践中提高他们的分析和解决问题的能力。例如，在管理课程中，学生可以研究某个企业的管理问题，并找出解决方案。这种案例分析的方式使学生能够将理论知识与实际问题相结合，增强他们的综合能力和创新思维。

4.职业大学课程注重行业实践

为了让学生更好地了解和适应所学专业的实际工作环境，职业大学课程通常会组织学生进行行业实践。学生可以在实际的工作场景中应用所学知识，与行业专业人士互动交流，拓宽视野，了解行业发展的趋势和需求。这种行业实践的方式不仅能够提升学生的实际操作能力，还能够培养学生的职业素养和适应能力。

(二)个人发展功能

个人发展是职业大学课程的重要目标之一。通过对职业大学课程的学习，学生不仅可以获得专业知识和技能，还可以促进个人的全面发展和成长，提升个人素质与能力。

首先，职业大学课程可以激发学生的学习兴趣和学习动力，促使他们积极参与到课程学习中。在学习过程中，学生不仅需要掌握专业知识，还要培养解决问题的能力、创新思维和团队合作能力等。通过多样化的学习方法和活动，学生可以充分发挥和挖掘自己的才能和潜能。

其次，职业大学课程注重培养学生的职业素养和综合能力。在现代社会，仅仅具备专业知识还不足以适应复杂多变的职业发展环境。因此，职业大学课程着重培养学生的创新意识、沟通能力、领导才能、解决问题能力等综合素质。这样不仅可以增强学生的竞争力，还能为他们今后的职业生涯提供更广阔的发展空间。

再次，职业大学课程还通过实践教学和实习实训等形式，培养学生的实际操作能力。这种培养方式不仅能够提高学生的实际技能，还能让他们在实践中更好地理解和应用所学知识。通过面对实际问题和挑战，学生可以锻炼解决问题的能力，增强自信心和职业素养。

最后，职业大学课程还能够帮助学生了解自己的职业发展兴趣和倾向，指导他们制定正确的职业规划。通过对学生职业导向的教育与培养，学生可以更好地了解不同职业领域的特点和要求，明确自己的职业目标，并为实现这些目标而不断努力。

（三）社会服务功能

社会服务功能是职业大学课程的重要组成部分。它指的是通过培养学生的专业素养和社会责任感，使其能够为社会提供有益的服务。在当前社会，职业大学教育既要满足就业需求，也要为社会发展作出贡献。

1.培养学生的社会责任感和公民意识

通过开展社会实践活动和志愿服务等课程内容，学生能够深入了解社会问题，增强对社会弱势群体的关注和关心。他们会认识到自己作为职业人的义务，不仅要追求个人利益，还要为社会作出贡献。

2.培养学生的团队合作能力和沟通表达能力

在社会服务实践活动中，学生往往需要与团队成员一起合作解决问题，同时与社会机构和群体进行有效的沟通。通过这样的实践，学生将培养出良好的团队协作能力和扎实的沟通表达能力，为将来职业发展打下坚实的基础。

3.促进社会创新和发展

通过将学生的专业知识和技能运用到实际的社会问题中，他们能够提供新的解决方案和创新思维。例如，设计专业的学生可以为社会设计更加人性化的产品，医学专业的学生可以为社会提供更加全面的医疗服务。这种社会服务的创新性将促进社会的进步和发展。

4.加强学校与企业、社会的合作与交流

通过与企业合作开展实践课程、参与行业研究项目等，学生能够更好地了解行业需求和社会问题。与社会的交流与合作，使得职业大学课程更加贴近实际需求，提高学生的实践能力和适应能力。

第二节　职业大学教学

一、职业大学教学的特点

(一)实用性

实用性是职业大学教学的一个重要特点。职业大学的教学目标主要是培养学生掌握实际工作所需的知识、技能和能力，因此教学内容和方法都注重实践性和应用性。

1.教学内容的选择

与传统的学科教学相比，职业大学更注重职业导向，因此教学内容更加注重实际应用。例如，在专业课程中，会结合实际案例和行业情况，教授学生实际操作和解决实际问题的方法。这样一来，学生可以更好地理解和掌握知识，为将来的实际工作做好准备。

2.教学方法的选择

传统的教学方法主要是讲授和传授知识，在职业大学教学中，除了这种方式，还会采用更多的实践性教学方法。例如，通过实践课程、实习实训等方式，让学生亲身经历真实的工作场景,学以致用。这种教学方法能够培养学生的实际操作能力,增强其应对实际工作挑战的能力。

3.教学评价方式的选择

职业大学的教学评价不再是单纯地依靠考试成绩,而更注重学生的实际能力和综合素质。例如,会采用案例分析、实际项目评估等方式来评价学生的应用能力和解决问题的能力。这样一来,学生在学习过程中更加注重实践,从而提高了学习的实用性。

(二)专业性

1.专业课程的设置

在职业大学教学中,专业性是其中一个显著的特点。为了确保学生在特定领域具备必要的专业知识和技能,职业大学会设计并提供一系列专业课程。这些专业课程通常涵盖了该领域的基础理论、实践操作以及相关的前沿技术和发展趋势,旨在让学生全面了解所选择的专业领域。

2.教师的专业素质

为了保证专业性的教学,职业大学教师具备高度的专业素质是至关重要的。一方面,教师需要具备深厚的学科知识,能够准确传授专业理论和技能。另一方面,教师还应该具备实践经验,能够将理论与实际应用相结合,引导学生进行实际操作和实践项目。教师的专业素质不仅能够提高教学的质量,也能够为学生提供实践指导和行业经验。

3.实际案例的分析与研究

在专业性教学中,案例分析与研究是一种常用的教学方法。通过引入实际案例,学生可以将所学的理论知识应用于对实际问题的解决。这种方法能够培养学生解决问题和实践操作的能力。职业大学通常会选择与学生所学专业领域相关的实际案例,让学生通过分析和研究来理解和掌握课程内容。

4.专业实训和实习机会

为了培养学生的专业素养和实践能力,职业大学会积极提供专业实训和实习机会。通过实际操作和实践项目的参与，学生有机会将所学的理论知识应用到实际工作中，进一步巩固和提高专业能力。职业大学通常与相关企业或机构合作，为学生提供实习或实训的机会，让学生在真实的工作环境中学习和成长。

5. 专业评估和认证

为了确保专业性教学的有效性和质量，职业大学会采取专业评估和认证的措施。通过与行业相关的认证机构合作，职业大学能够对教学内容、教学方法和师资队伍进行评估和认证，以保证教学的与时俱进和与行业接轨。同时，专业评估和认证也能够为学生提供学历认可和提高就业竞争力。

（三）关联性

在职业大学教学中，关联性是一个非常重要的特点。关联性的核心在于将课程内容与实际职业需求进行有机的结合，确保学生所学的知识和技能能够与实际工作场景相匹配，并能够顺利应用于实践中。

1. 课程设置

在职业大学的课程设置中，学科之间往往存在着紧密的联系和相互渗透的特点。这意味着学生无论学习哪门学科，都能够在一定程度上了解其他相关学科的知识内容。例如，在学习软件开发专业时，学生不仅需要学习编程技术，还需要了解项目管理、用户需求分析等相关知识，以便能够在实际工作中与其他团队成员进行有效的沟通和协作。

2. 实践环节

与传统的理论教学不同，职业大学注重将理论知识与实践操作相结合，通过实际案例、模拟项目等形式进行教学。这种教学模式使学生能够更好地理解和应用所学知识，在实际操作中提高技能水平。例如，在学习医学专业时，学生除了需要学习解剖、病理等理论知识，还需要参与实际的临床实习，与实际患者进行交流和诊断，从而更好地理解和应用所学知识。

3. 评价方式

与传统的考试评价不同，职业大学注重对学生实际操作能力的评价。通过项目报告、实践演练、实习实训等形式，评价学生在实际工作场景中的表现。这种评价方式更加贴近实际职业需求，能够更全面地评估学生的能力和潜力。

（四）灵活性

在职业大学教学中，灵活性是一项非常重要的特点。灵活性指的是根据学生的需求和实际情况进行灵活的教学安排和组织。职业大学教学要求紧密结合专业特点和行业需求，因此教学内容和形式需要与时俱进，不断进行调整和优化。

1. 教学内容的选择

在职业大学教学中，需要根据当前行业的发展动态和市场需求来确定教学内容。这意味着我们要随时关注行业的最新趋势和技术发展，及时更新和调整课程内容，确保学生所学的知识和技能与实际工作需求相匹配。

2. 教学方法和手段的运用

传统的教学方法可能无法完全满足职业大学教学的需求，因此教师需要具备创新思维并采取灵活的教学手段。例如，可以通过案例分析、小组讨论、实践项目等方式来促进学生的实际操作和对问题解决能力的培养。在教学过程中，教师还应鼓励学生提出问题和观点，倡导开放式的教学氛围，从而使学习变得更加富有活力和灵活。

3. 教学时间和空间的安排

职业大学教学通常需要与实际工作相结合，因此需要灵活安排教学时间，使学生可以兼顾学业和实习、实训等实践活动。随着科技的进步，远程教学和在线学习的方式也成了一种灵活的教学方式，可以帮助那些时间和地点受限的学生获得更好的学习机会。

二、职业大学教学的目标

（一）提升学生职业技能

在职业大学的教学中，提高学生的职业技能是一个重要的目标。职业大学的教学注重培养学生实践动手能力，使他们具备实际操作中所需的技能。为了达到这一目标，职业大学需要采取多种教学方法和手段。

1. 职业大学注重理论与实践相结合的教学

教育不能仅仅停留在纸上谈兵的层面，而是将理论知识与实际应用相结合，让学生通过实践活动来加深对知识的理解与应用。例如，在工程类专业的教学中，学生会接触到各种各样的实验和实际项目，通过亲自动手操作，他们能够更好地掌握相关技能。

2. 职业大学注重实训和实习环节的设置

学生在课程学习之外，还需要参加实际的实训或实习活动。这样的实践活动让学生更加贴近真实工作环境，学以致用。比如，在酒店管理专业中，学生将在实际的酒店实习中接触到各种应对客人需求的场景，从而锻炼并提升他们的职业技能。

3. 职业大学注重开设专业技能培训课程

这些课程专门针对学生所学专业的技能进行培训，提供丰富的实操教学和实践机会。比如，在计算机科学与技术专业中，学生将接受编程、网络技术、数据库等方面的培训，以提高他们在相关领域的实际操作能力。

4. 职业大学注重学生的职业素质培养

除了技能的培养，职业大学还致力于培养学生的职业道德与职业素养。他们鼓励学生通过实践和学习，培养责任感、合作意识、积极进取的精神等职业素养，以便他们能够在职业领域中有良好的表现和发展。

(二)培养学生独立思考能力

在职业大学教学中，培养学生独立思考能力是一个重要的指标。独立思考能力是指学生在面对问题和挑战时，能够独立进行分析、评估和解决的能力。这种能力对于职业大学生来说尤为重要，因为他们将面临各种实际问题和复杂情况，并需要能够从不同的角度思考和提出创新解决方案。

为了培养学生的独立思考能力，职业大学教学采取了多种方法。首先，课堂教学注重启发式教学，教师不再是简单地传授知识，而是引导学生主动参与思考和讨论。通过提出问题、设置情景、引导分析等方式，激发学生的思维活力，培养他们自主思考的能力。

职业大学注重培养学生解决问题的能力。在教学过程中,教师会提供一系列实际问题或案例,让学生针对这些问题进行分析和解决。学生需要运用所学的知识和技能,思考如何应对不同的情况,找到最佳的解决方案。这样的实践性教学能够激发学生的思维,培养他们在实际工作中独立思考的能力。

职业大学还注重培养学生的创新思维能力。在教学中,教师会提供一些创新性的课题或项目,要求学生进行创新性的思考和设计。学生需要了解当前的行业趋势和需求,提出创新的解决方案,并能够分析其可行性和可持续性。这样的教学方法可以培养学生敢于思考、敢于创新的精神,使他们具备在职业领域中独立思考和创新的能力。

(三)培养学生职业道德

学生职业道德的培养是职业大学教学的一个重要目标。在现代社会中,职业道德的重要性不言而喻。作为职业大学的学生,他们将来要进入各个行业从事相关职业,职业道德对于他们的职业成功和社会形象起着至关重要的作用。

培养学生职业道德需要从教育引导入手。教师作为学生的榜样和导师,在教学过程中应该注重道德的教化和潜移默化。通过传授职业道德的理念,引导学生对自己所从事的职业有正确的认知和态度,建立起对道德的尊重和遵守。

实践教学是培养学生职业道德的重要途径。通过将学生置于真实的职业环境中,让他们亲身体验和感受职业道德的重要性。例如,在医学专业中,学生可以参与到医院的实习工作中,在与病人交流时要注意言辞的尊重和严谨;在商科专业中,学生可以参与到企业的实习中,要注重商业道德和诚信经营。通过实践,学生可以更好地理解并积累职业道德的实践经验。

社会参与也是培养学生职业道德的重要方式。学生应该积极参与社会公益活动,关心社会问题,培养公益意识和责任感。例如,学校可以组织学生参加社会志愿者活动,这不仅可以帮助学生了解社会问题,还可以培养学生的人文情怀和社会责任感。

学校应该提供完善的职业道德教育体系,构建完整的职业道德培养模式。这包括开设职业道德课程,设立职业道德导师制度,组织职业道德教育活动等。学生应该在学校中接受系统的职业道德培训,从而逐渐形成良好的职业道德素养。

(四)培养学生应对复杂问题的能力

在职业大学教学中,培养学生应对复杂问题的能力是一个重要的目标和任务。现实生活中,职业领域的问题往往具有复杂性和多样性,需要学生具备一定的思维能力和解决问题的能力。因此,职业大学教学应该注重培养学生应对复杂问题的能力,使他们能够在未来的职业生涯中应对各种挑战和困难。

培养学生应对复杂问题的能力需要注重理论与实践的结合。职业大学的教学应该打破传统的理论与实践的割裂局面,通过对理论知识的学习和实操能力的培养相结合,使学生能够将所学的理论知识应用到解决实际问题中。这种实践性的学习方法可以提高学生对复杂问题的理解和分析能力。

培养学生应对复杂问题的能力需要注重对学生综合素质的培养。仅仅掌握专业知识是不够的,学生还需要具备良好的综合素质,如良好的团队合作能力、创新思维能力、沟通表达能力等。这些综合素质的培养可以帮助学生更好地应对复杂问题,并找到最佳的解决方案。

教师在培养学生应对复杂问题能力的过程中起着重要的作用。教师应该充当学生的引路人和指导者,通过启发式的教学方法,激发学生的思维和创造力。教师还应该提供必要的指导和反馈,帮助学生不断优化解决问题的方法和思路。

培养学生应对复杂问题的能力需要注重实践教学的导向。通过项目实践、实习实训等方式,让学生亲自去解决实际问题,从而提高他们的应对复杂问题的能力。在实践中,学生可以面对各种不确定性和挑战,从中学会思考、分析和解决问题的方法,增强应对复杂问题的能力和自信心。

三、职业大学教学的原则

(一)以学生为中心

在职业大学教学中,以学生为中心是一项至关重要的原则。这意味着教学的主要关注点应该放在学生身上,考虑到学生的需求、兴趣和发展潜力。职业大学的学生通常具有各种背景和目标,因此,教学应该根据不同学生的需求来个体化地设计和实施。

以学生为中心意味着要关注学生的学习兴趣和动机。职业大学的学生通常是有明确就业目标的,因此,教学需要与其职业发展密切相关,并能够激发学生的学习兴趣。教师可以通过引入实际案例、问题导向的学习和团队合作等活动,激发学生的兴趣,使学生能够主动参与学习过程。

以学生为中心意味着要关注学生的不同学习风格和能力水平。在职业大学教学中，学生的学习风格和能力水平差异较大，因此，教学应该根据不同学生的需要和能力进行灵活调整和个性化指导。例如，对于学习能力较强的学生，可以为其提供更深入的学习资源和更具挑战性的任务，以促进其进一步发展；对于学习能力较弱的学生，可以提供更多的辅助材料和个性化支持，帮助其克服困难并提高成绩。

以学生为中心需要关注学生的自主学习能力和自我反思能力。职业大学的学生需要具备自主学习的能力，在学习过程中能够主动探索和解决问题。因此，教学应当注重培养学生的自主学习能力，鼓励他们独立思考和主动学习。同时，教师还应该帮助学生发展自我反思能力，使他们能够及时地评估学习成果并做出相应的调整。

（二）以就业为导向

职业大学教育的目标之一就是培养学生具备就业能力，因此以就业为导向成为职业大学教学的重要原则之一。以就业为导向意味着教师在教学中要注重培养学生具备实际应用能力和职业发展的能力，帮助学生顺利就业并在职场中取得成功。

1.教学内容和方法要与实际工作需求紧密结合

教师应该了解就业市场的需求和变化，及时调整教学内容，引导学生学习与就业紧密相关的技能和知识。例如，在课程设计中，可以将现实案例引入教学，让学生通过解决实际问题来培养解决实际工作中遇到的困难的能力。

2.培养学生的职业素养和职业价值观

除了专业知识和技能的培养外，学生的职业素养，如沟通能力、团队合作、责任感等以及正确的职业价值观也是重要的因素。教师应该通过案例分析、讨论和角色扮演等教学方法，引导学生锻炼和培养这些素养，使他们在职业生涯中能够胜任相关工作并具备达标的职业道德。

3.提供良好的实习和就业资源支持

学校应积极与企业合作，搭建实习和就业平台，为学生提供实践机会和职业发展指导。通过与企业的合作，学生可以在校外获得更真实的工作体验，了解所学专业在实际工作中的应用情况，提前适应职场环境。

(三)以实践为基础

实践是职业大学教学的重要基础,也是确保学生获得职业能力的重要手段。职业大学教育的目标是培养学生具备实践能力的职业人才,因此,以实践为基础是职业大学教学的重要原则之一。

职业大学教学注重实践能力的培养,通过真实的实践环境和情境,让学生能够亲身参与、实际操作,从而提高他们的实践能力。这种基于实践的教学方法能够让学生将所学的理论知识应用到实际工作中,培养他们解决实际问题的能力和技巧。

以实践为基础的教学可以使学生更好地理解和掌握所学的知识。在实践中,学生需要积极思考,并将理论知识与实际问题相结合,通过实际操作来验证和巩固所学的内容。这种实践性的学习方式能够激发学生的学习兴趣和动力,提高他们的学习效果。

以实践为基础的教学能够培养学生的团队合作和沟通能力。在实践过程中,学生需要与他人合作完成任务,通过合作来解决问题。这既能够培养学生的团队意识和协作能力,也能够提高他们的沟通能力和交流技巧。这对于日后从事职业工作具有重要意义。

以实践为基础的教学还能够培养学生的创新能力。实践中,学生需要面对各种实际问题,需要灵活运用所学的知识和技能,提出创新的解决方案。这种锻炼能够培养学生的创造力和创新思维,使他们具备解决实际问题的能力和拓展职业领域的能力。

(四)以终身学习为目标

在职业大学教学中,以终身学习为目标是一个重要的原则。终身学习观念已经成为现代社会发展的需要,职业大学的教学目标也要紧跟社会变革和职业发展的步伐。终身学习的概念意味着在一个人的整个职业生涯中,不断学习和适应新的知识、技能和技术的需求。

以终身学习为目标意味着要培养学生具备持续学习的能力和意识。职业大学教育应该激发学生的学习兴趣,培养其主动探究和自我学习的能力。只有持续学习才能跟上职业发展的步伐,不断适应变化的行业需求。

以终身学习为目标要求职业大学的教学内容和方法与实践联系紧密。在职业大学教学中,理论与实践的结合是非常重要的。学生需要通过实践,将所学的理论知识应用到实际工作中,不断提高自己的能力和技术水平。职业大学应该为学生提供丰富的实践机会,如实习、实训等,使他们能够真正掌握所学知识并能够灵活运用于实际工作中。

以终身学习为目标还要求职业大学注重培养学生的学术素养和自我发展能力。学术素养不仅包括与专业相关的知识和技能,还包括对综合素质的培养。如思维能力、沟通能力、创新能力等。学生需要具备自我发展的意识和能力,不断提高自己的素质和能力,以适应职业发展的需要。

四、职业大学教学的方法和模式

(一)案例教学法

案例教学法是一种应用广泛的职业大学教学方法。这种教学方法的核心思想是通过实际案例来引导学生学习,解决问题,并培养他们的创新思维和解决问题能力。在职业大学教育中,案例教学法有着重要的意义和作用。

案例教学法能够帮助学生将理论知识与实际问题相结合。通过分析实际案例,学生能够更好地理解和运用所学的理论知识。案例教学法能够激发学生的学习兴趣,帮助他们主动探索和研究问题,从而提高他们的学习效果。

案例教学法能够培养学生的分析和解决问题的能力。在案例教学中,学生需要通过分析案例背景、获取相关信息,并提出解决问题的方案。这种过程能够培养学生的分析思维和综合能力,使他们能够灵活应对复杂的职业环境和问题。

案例教学法能够促进学生的合作与交流。在案例教学的过程中,学生通常需要分组合作,共同探讨和解决问题。通过与其他同学的讨论和交流,学生能够从不同的角度理解问题,并汲取他人的经验和思维方式。这种合作与交流的过程,能够培养学生的团队合作能力和沟通能力。

案例教学法能够培养学生的创新思维和实践能力。在案例教学中,学生不仅需要通过分析和解决问题,还需要提出具有创新性的解决方案。这种过程能够培养学生的创新意识和实际操作能力,使他们能够在职业实践中更好地应对各种挑战。

(二)现场实训法

现场实训法作为一种职业大学教学的方法,与传统的课堂教学方法有着明显的不同。它强调将学生从传统的理论学习中解放出来,让他们亲身参与到实际的职业环境中。这种教学方法的目的在于培养学生的实际操作能力和解决问题的能力,使他们在真实的职业场景中能够熟练应用所学知识。

现场实训法的特点在于强调实践与理论的结合。通过将学生带入真实的职业环境,他们能够亲身体验到所学知识在实际工作中的应用。这种实践性的学习方式能够帮助学生更好地理解和掌握所学内容,提高他们的实际操作能力。在现场实训过程中,学生将面对一系列实际问题和挑战,通过解决这些问题来积累经验,培养其解决问题的能力。

现场实训法的原则在于贴近实际、任务导向和综合性。与传统的纯理论学习相比,现场实训法更加注重学生所学内容与实际工作的接轨。通过与实际工作相结合的任务导向,学生能够在实践中不断探索与发展。此外,现场实训法注重培养学生的综合能力,使他们能够灵活地应对各种情况和任务。

在现场实训法中,教师起着引导和指导的作用。教师应该为学生提供一个合适的学习环境和实践平台,同时引导学生运用所学知识解决问题,提供必要的指导和反馈。在现场实训中,教师还应该鼓励学生自主学习和合作学习,培养他们的团队合作精神和社会交往能力。

现场实训法的应用有助于培养学生的实际操作能力和解决问题的能力。通过实践,学生能够更加深入地理解所学知识,并能够将其应用到实际工作中。在职业大学教学中,现场实训法的使用能够提高教学的实用性和针对性,使学生成为具有实战能力的职业人才。

(三)项目导向学习法

项目导向学习法作为职业大学教学的一种重要方法,致力于培养学生的职业技能和综合能力。在这种教学模式下,学生将通过承担具体项目的方式,从实际问题中获取知识,提升能力,并将所学知识应用于实际情境中。

项目导向学习法强调实践和应用,以学生为中心,注重培养学生的解决问题能力和创新思维。在这个过程中,教师的角色不仅仅是传授知识,更是作为学习的引导者和指导者,激发学生的学习兴趣。

在项目导向学习法中，学生需要参与到具体的项目中，例如实际的工程项目、模拟的商业计划或社会服务项目等。在这些项目中，学生需要通过自主学习、合作学习和实践学习来获取所需的知识和技能。他们将面临各种实际问题和挑战，需要运用所学知识和技能进行分析、解决和反思。

这种教学方法的优势在于能够提供真实的学习环境和情境。学生在项目中将不仅仅局限于理论知识的传递，而是真实地模拟出职业场景，接触到真实问题，能够培养其解决问题和适应变化的能力。通过项目导向学习，学生能够全面地了解职业实践中的各个环节和要素，并将所学应用于实际。

除了提供真实的学习环境，项目导向学习法还能够促进学生的主动学习和自主能力的培养。在项目中，学生需要自己搜集资料、进行实践操作、分析问题、制订解决方案等，因此能够锻炼他们的学习自律性和独立思考能力。通过主动参与和探究，他们能够更好地理解和掌握知识，培养解决问题的能力。

项目导向学习法也面临一些挑战。项目的设计和组织需要教师具备相应的实践经验和专业知识，这对教师提出了更高的要求。项目的时间和资源需求较大，需要学校和教师提供充足的支持和保障。学生的参与也需要一定的配合和合作，因此需要建立良好的团队合作氛围。

第三节　基于"爱·学·争"育人文化的职业大学课程教学

一、基于"爱·学·争"育人文化的职业大学课程结构

(一)"爱·学·争"育人文化对职业大学课程结构的影响

在"爱·学·争"育人文化的框架下，职业大学的课程结构经历了一系列的改革和调整，以更好地适应现代职业教育的需求和学生的发展需求。育人文化的核心理念是培养学生全面发展的能力并提升其职业竞争力，这种理念对职业大学课程结构产生了深远的影响。

"爱·学·争"育人文化的核心理念要求职业大学课程结构注重培养全面发展的能力。传统的职业大学课程过多重视知识传授和技能培养，忽略了对学生的综合素质的培养。而在"爱·学·争"育人文化下，职业大学课程结构更加关注培

养学生的创新思维、实践能力、团队协作能力等综合能力。因此,课程结构调整包括增加实践环节、开设创新课程、加强团队项目等措施的引入,以促进学生的全面发展。

“爱·学·争”育人文化对职业大学课程结构提出了个性化发展的要求。在传统的教学模式下,课程结构通常规划相对固定,每个学生都要按照同样的流程学习。然而,在育人文化的指导下,职业大学课程结构更加注重学生的个性化发展,采取灵活多样的方式满足学生的需求。例如,课程可以设置选修模块,让学生根据自身兴趣和职业发展方向进行选择;还可以提供个性化辅导和指导,帮助学生在课程中发现自己的潜能和特长。

“爱·学·争”育人文化要求职业大学的课程结构鼓励学生主动探索和实践。在传统的课程结构中,学生主要是被动地接受知识和技能的传授。而在育人文化下,职业大学课程结构更加强调学生的参与和主动性。课程可以引入项目驱动的学习方式,让学生通过解决实际问题和团队合作来学习;还可以加强实习和实训环节,让学生通过真实场景的实践来提高专业能力。

(二)“爱·学·争”育人文化下的课程结构

在“爱·学·争”育人文化的指导下,职业大学的课程结构得到了积极的调整和改进。这种育人文化以个性化培养、全过程辅导和全员参与为核心理念,通过设计与实施与学生特点和需求相适应的课程结构,实现了教育目标的实际落地。

其一,“爱·学·争”育人文化下的课程结构注重培养学生的专业技能。鉴于职业大学的定位和使命,课程结构中更加注重专业理论知识和实践技能的内在结合。例如,在某职业大学的“软件开发”课程中,除了传授编程语言等专业知识外,还安排了丰富的实践环节,让学生亲自参与到软件开发项目中,锻炼实际操作能力。

其二,“爱·学·争”育人文化下的课程结构强调跨学科的综合素养培养。教师和课程设计者不仅关注对专业知识的传授,还注重培养学生的综合素养和跨学科能力。在某职业大学的“创新创业”课程上,学生不仅学习创业理论和实操技巧,还与其他专业的学生合作开展创新项目,促进了交叉学科的交流与合作,拓宽了学生的眼界和思维方式。

其三,“爱·学·争”育人文化下的课程结构注重学生的个性化培养。针对每位学生的特点和需求,课程设计者充分考虑个体差异,为学生提供不同的学习路径和选择空间。例如,某职业大学的“人力资源管理”课程,设有选修模块,学生可以根据自己的兴趣和职业发展方向,选择适合自己的选修课程,以深化自己在人力资源管理领域的专业知识。

其四,"爱·学·争"育人文化下的课程结构强调实践教学与理论教学的有机结合。为了让学生在实际操作中真正掌握所学知识和技能,课程结构中加强了实践教学的环节。在某职业大学的"实验技术与应用"课程中,除了理论教学外,还设置了大量的实验实操环节,让学生通过亲自动手实践,巩固理论知识,增强实际应用能力。

"爱·学·争"育人文化下的课程结构实例充分体现了个性化培养、全过程辅导和全员参与的理念。通过专业技能培养、综合素养培养、个性化培养和实践教学的有机结合,职业大学的课程结构得到了有效的改善和优化,为学生的职业发展和终身学习奠定了坚实的基础。

二、"爱·学·争"育人文化下的职业大学课程设计

(一)"爱·学·争"育人文化对课程设计的指导意义

在"爱·学·争"育人文化的引领下,课程设计扮演着至关重要的角色。"爱"的理念使得课程设计注重学生的个体发展和全面健康成长。"学"的理念使得课程设计紧密结合职业培养目标,注重知识与实践的结合。"争"的理念则促使课程设计强调创新和竞争力的培养。

在"爱"的指导下,课程设计必须关注学生的个体需求和特点。每个学生都是独一无二的个体,有着不同的兴趣、能力和潜力。因此,课程设计应该充分考虑学生的差异性,提供多样化的学习路径和资源,激发学生的学习兴趣和自主学习能力。例如,可以通过个性化的学习项目、任务和评价方式,引导学生积极参与课程学习,并培养他们的创造力和团队合作精神。

"学"的指导意义要求课程设计与职业培养目标相契合。职业大学的目标是培养具备实践能力和职业素养的专门人才。因此,课程设计应注重理论与实践的结合,通过实践性的任务和项目,让学生在真实情景中应用所学知识和技能,锻炼解决问题的能力和职业素养。比如,在工程类专业的课程设计中,可以结合实际工程案例,引导学生进行实验和设计,培养他们的实践动手能力和创新思维。

"争"的指导意义使得课程设计注重创新和竞争力的培养。现代职业社会充满了激烈的竞争,学生需要具备创新和创业能力,才能在职业领域中有所作为。

因此,课程设计应该鼓励学生提出独特的观点和解决方案,激发他们的创新精神和创业意识。例如,在创业类专业的课程设计中,可以引导学生开展市场调研和商业计划的编写,培养他们的市场分析能力和商业思维。

(二)育人文化下的课程设计的关键要素

在“爱·学·争”育人文化的指导下,课程设计必须注重培养学生的综合素质和实践能力。为了实现这一目标,“爱·学·争”育人文化下的课程设计应该具备以下关键要素。

1.关注学生的兴趣和个性发展

“爱·学·争”育人文化强调每个学生的个性差异,因此,在课程设计中,需要充分考虑学生的兴趣和特长,以激发他们的学习动力和主动性。通过针对不同学生的个性化教学,可以促进他们的全面发展,并培养出更具创造力和创新能力的人才。

2.贴近职业需求和社会发展

在“爱·学·争”育人文化下,职业导向是非常重要的。课程设计应该与职业要求和社会变化相结合,提供对实际工作所需技能和知识的培养。通过与企业、行业及社会资源的紧密联系,课程设计可以更好地满足职业大学毕业生在就业市场中的需求,并提升他们的就业竞争力。

3.重视实践教学和实践体验

育人文化强调实践教学的重要性,因此,课程设计必须注重培养学生的实践能力。通过实践教学,学生可以将所学的理论知识应用到实际问题中,提升他们解决问题和创新的能力。实践体验也是培养学生综合素质的重要手段,通过实践活动,可以增强学生的团队合作能力、沟通能力以及解决问题的能力。

4.注重跨学科和综合能力培养

“爱·学·争”育人文化要求培养具备跨学科能力和综合素质的人才。因此,在课程设计中,应该打破学科的界限,引入跨学科的内容,让学生在掌握专业知识的同时,具备综合分析和综合解决问题的能力。这样的课程设计可以更好地培养学生的创新意识和创新能力,使他们在职业发展中更具竞争力。

三、"爱·学·争"育人文化下的职业大学教学策略

(一)"爱·学·争"育人文化对教学策略的影响

在"爱·学·争"育人文化下,教学策略发挥着至关重要的作用。首先,爱的文化倡导着教师与学生之间的良好关系和情感互动。这种爱的文化使得教师能够关注学生的需求和个别差异,并积极支持他们的学习。教师的关怀和支持不仅提升了学生的自尊和自信心,也激发了他们对学习的积极性。因此,教学策略在培养学生的学习动机和情感认同方面起到了重要的推动作用。

"爱·学·争"育人文化强调学生的主体性和积极参与。在教学策略设计上,教师充分考虑学生的学习兴趣、价值观和意愿,促进他们积极参与课堂活动。通过引入案例分析、小组讨论、角色扮演等以学生为中心的教学方法,学生得到更多的机会去实践应用知识,培养解决问题的能力和团队合作精神。这种积极参与的教学策略有助于提高学生成绩和学习成效,培养他们的创新思维和实践能力。

"爱·学·争"育人文化注重培养学生在学习中的竞争意识和适应能力。在教学策略实施上,教师通过设置竞争性的学习任务和评价机制,激发学生的学习动力和竞争意识。例如,通过小组比赛、学术竞赛等方式,培养学生的团队协作能力和竞争优势。教师还通过定期的学习反馈和辅导,帮助学生了解自己的学习进展和不足之处,进而调整学习策略和提高学习效果。

(二)"爱·学·争"育人文化下的教学策略实施及反馈

在"爱·学·争"育人文化下,教学策略的实施是确保教学质量的关键一环。为了有效地实施教学策略并提供良好的教学体验,学校需要建立一套完善的反馈机制来不断优化教学过程。

教师在教学策略的实施过程中,需要密切关注学生的学习情况。教师通过在课堂上观察学生的反应和表现,了解他们对教学内容的理解程度和学习兴趣。此外,教师还可以利用问卷调查、小组讨论、学生作业等形式,收集学生的意见和建议。这些信息可以为教师提供有价值的参考,帮助他们调整教学策略以更好地满足学生的学习需求。

学生的反馈是评估教学策略有效性的重要依据。学生可以通过课堂反馈、教师评估和自我评估等方式,表达自己对教学方式的看法和建议。教师应该积极倾

听学生的声音，认真对待他们的反馈意见，并根据学生的反馈及时调整教学方式。这种双向的反馈机制可以促进教师和学生之间的良性互动，营造积极的学习氛围。

教师之间的合作与交流也对教学方式的实施和反馈机制起到积极的推动作用。教师可以通过分享自己的教学经验和教学成果，相互学习和借鉴。定期的教学研讨会和研习班也为教师提供了交流的平台，他们可以在这里分享教学方式的实施情况，并从他人的反馈中获取启发和改进的方向。

四、“爱·学·争”育人文化下的职业大学教学实践

(一)“爱·学·争”育人文化对教学实践的指导

在“爱·学·争”育人文化的指导下，教学实践成了职业大学教育中不可或缺的一环。这种育人文化的核心理念是培养学生对学习的热爱、追求卓越的学习态度和积极向上的进取精神。因此，在教学实践中，需要按照这一指导思想，以培养学生的全面素质和实践能力为目标，提供丰富多样的实践机会和充分的指导。

针对教学实践的指导方向，应当注重培养学生的创新精神和实践能力。在这个时代，仅仅掌握理论知识远远不够，学生还需要具备独立思考、解决问题的能力。因此，教师应当通过对实践项目的设计，鼓励学生积极思考、独立创新，培养他们的实际操作能力和解决问题的能力。

在实践过程中，需要通过鼓励学生多角度、全方位地参与来激发他们的学习动力和兴趣。由于职业大学教育的特点是更加注重职业技能的培养，因此在教学实践中，可以为学生提供与所学专业相关的实际案例、项目实践等经验，让学生能够将课堂理论知识与实际问题相结合，提升他们的实践应用能力。

在教学实践中，应当充分重视学生的参与感和自我评价。通过设置实践反馈环节，可以帮助学生对自己的实践表现进行全面评估，发现不足并进行改进。同时，还可以通过教师的及时指导和辅导，让学生更好地理解自己的实践经历，并从中获得成长和进步。

“爱·学·争”育人文化下的教学实践还需要与社会与企业合作紧密结合，为学生提供具有真实性和实践性的实践环境。与社会合作可以让学生接触到真实的职业环境，了解职业发展的要求和机遇，并且在实践中获得与企业和社会各界的交流与合作机会，有利于学生的就业和职业发展。

(二)“爱·学·争”育人文化下的教学实践过程

在“爱·学·争”育人文化的指导下,教学实践成为职业大学教育中不可或缺的环节。本节将详细介绍育人文化下的教学实践过程。

其一,教学实践的前期准备至关重要。在确定教学目标和内容后,教师需精心设计教学方案,充分考虑学生的特点和需求,以及培养学生核心素养的具体途径。例如,可以采用项目驱动的教学模式,让学生通过参与实际项目的解决方案设计、团队合作等活动来提高实践能力。

其二,教师在教学实践中扮演着引导者和激励者的角色。在实践过程中,教师应提供必要的指导和支持,帮助学生正确理解和应用所学知识。要注重激发学生的学习兴趣和动力,鼓励他们主动参与实践活动,培养解决问题的能力和创新思维。

其三,实践过程中的评估与反馈至关重要。教师应及时对学生的实践表现进行评估,不仅看重实践能力的发展,也要关注学生思维方式的转变和创新能力的培养。针对学生的实践成果,教师应给予及时的反馈,指出不足之处,并提供具体的改进建议。同时,可以开展学生间的互评、自评等形式,促进彼此之间的学习与成长。

其四,教学实践的过程应鼓励学生主动思考与交流。教师不仅是知识的传递者,更是引导学生自主学习与合作的推动者。因此,教师应营造积极的学习氛围,鼓励学生提出问题、分享经验,促进他们的思维碰撞和知识交流,从而达到共同学习与成长的目标。

(三)“爱·学·争”育人文化下的教学实践反馈及改进

在“爱·学·争”育人文化下,教学实践的反馈和改进是不可或缺的环节。通过及时的反馈和有效的改进措施,可以提高教学效果,更好地实现对学生综合素质的培养。

1.及时性和准确性

教师应该及时收集学生的学习情况和反馈意见,倾听学生的声音。这可以通过课后小组讨论、学生问卷调查以及个别面谈等方式来实现。同时,教师还应该积极参与评估和监测学生的学习进展,及时发现问题并采取相应的措施加以解决。

2. 针对性和个性化

不同学生的学习能力和需求有所不同，因此教师应该根据学生的具体情况给予个性化的反馈和指导。例如，可以针对不同学生的学习差异制订有针对性的教学计划，或是提供个别辅导和指导，以促进学生的学习成果。

3. 实用性和启发性

教师反馈的目的不仅是告诉学生他们在哪些方面做得不好，更重要的是给予他们具体的改进建议和启示。通过指出学生的问题所在，并提供相应的解决方法和学习资源，可以帮助学生更好地理解和掌握知识，提高学习效果。

4. 循序渐进

在反馈的基础上，教师应该总结教学经验，不断完善和调整教学策略和方法。其中包括修改教学大纲、更新教学资源，或是提供更多的实践机会和案例分析等。同时，教师还应该积极参与教学团队的交流和合作，互相借鉴经验，共同提高教学水平。

第五章　基于“爱·学·争”育人文化的职业大学文化建设实践

第一节　基于“爱·学·争”育人文化的职业大学物质文化建设

一、基于“爱·学·争”育人文化的职业大学物质文化建设的目标

(一)促进职业大学学生全面发展的目标

首先,提供优质的教育资源。包括拓宽课程设置,提供多样化的学习机会,提高教学质量,以满足学生不同方面的学习需求。无论是对专业技能的培养还是综合素质的提高,职业大学都要确保学生能够得到全面而深入的学习。

其次,营造积极向上的学习氛围。这意味着职业大学要建立一个鼓励学生主动学习的环境,让学生感受到学习的乐趣和成就感。职业大学可以通过丰富的课外活动、学术讲座、学生社团等途径,激发学生的学习兴趣,并培养他们的团队合作、领导能力等综合素质。

再次,在促进学生全面发展的过程中,职业大学要注重对个体差异的尊重与关怀。每个学生都有自己独特的兴趣、才能和特长,职业大学要充分发掘和激发他们的潜力,并为他们提供个性化的支持和指导。这可以通过个别辅导、职业规划、实习机会等方式实现,帮助学生更好地发展和实现自己的职业目标。

最后,提供良好的学习和生活环境是促进学生全面发展的重要因素。职业大学要致力于营造安全、舒适、便利的校园环境,为学生提供良好的学习和生活条件。这包括改善图书馆、实验室设施,增加运动场地和休闲娱乐设施等,使学生能够充分发展自己的兴趣爱好,培养身心健康。

(二)建立和谐校园环境的目标

在基于“爱·学·争”育人文化的框架下,建立和谐的校园环境是职业大学物质文化建设的重要目标之一。构建和谐校园环境不仅有助于学生成长成才,也有

助于提高整个学校的育人品质和社会形象。

1. 营造一个平等、公正、和睦的人际关系

学校应当倡导尊重个体差异，不偏袒、不歧视任何学生，以平等和公正的原则进行教育管理。教职员工之间也应该相互尊重，避免出现争执和纷争。只有建立起这样一种和谐的人际关系，学校才能成为学生全面发展的良好平台。

2. 创造一个温馨、安全的学习环境

学校应该提供舒适的教室、宿舍和公共空间，以满足学生的生活和学习需要。加强学校的安全管理，确保校园内的学生能够在一个安全的环境中学习。学校可以定期组织安全教育活动，增强学生的安全意识，防止事故的发生。在温馨、安全的学习环境下，学生才能够更好地专注于学业，实现自身的发展目标。

3. 注重师生之间的良性互动

教师是学生成长的重要引领者，需要积极与学生建立良好的关系，关心学生的成长。学生则应该积极参与学校活动，与教师和其他学生交流互动，形成良好的学习氛围。学校可以组织各类文化、体育和艺术活动，加强师生的交流和互联，营造浓厚的教育氛围。通过这种良好的互动，可以激发学生的学习兴趣，培养学生的团队合作能力和创造力。

（三）塑造良好教育氛围的目标

为了促进学生的全面发展，建立和谐的校园环境，以及提升学校的综合实力，职业大学在物质文化建设方面应以塑造良好的教育氛围为目标。该目标在职业大学的育人文化中扮演着重要的角色。

塑造良好的教育氛围有助于提高学生的学术成就和教育质量。在这个目标的引导下，学校可以致力于营造一种积极向上、鼓励创新的学习氛围。教师应引导学生培养自主学习能力，激发他们的学术兴趣和创造力。学校应提供优质的教育资源和设施，为学生提供一个良好的学习环境。

塑造良好的教育氛围有助于培养学生的品德和价值观。通过塑造正面的教育氛围，学校可以引导学生树立正确的价值观和良好的道德观念。学校应重视素质教育，注重培养学生的责任感、团队合作意识和社会公德心。鼓励学生积极参与社会实践活动，拓宽视野，培养社会责任感。

另外，塑造良好的教育氛围有助于形成师生之间的良好关系。学校应倡导师生之间的相互尊重和信任，建立和谐的师生关系。教师应成为学生的榜样，给予他们积极的指导和支持。同时，学校也应提供适当的沟通平台，促进师生之间的互动和交流，增进彼此的理解和信任。

塑造良好的教育氛围有助于激发学生的创新精神和实践能力。学校应鼓励学生开展各种形式的实践活动，提供机会让学生将所学知识应用于实践中。教师应给予学生充分的支持和鼓励，激发他们的创新潜能。同时，学校也应加强与企业的合作，为学生提供更多实践机会，增强他们的职业能力。

（四）提高学校综合实力的目标

学校综合实力的提高是职业大学物质文化建设的重要目标之一。通过提高学校综合实力，可以为学生提供更好的教育和培养环境，进一步加强学校的办学质量和竞争力。为了实现这一目标，需要采取一系列的策略和措施。

1. 注重建设高水平的师资队伍

师资队伍是学校发展的核心力量，只有拥有优秀的师资力量，才能够提供高质量的教育和培养服务。因此，职业大学要加大对师资队伍的引进和培养力度，吸引更多的优秀教师来到学校，同时为教师提供良好的职业发展机会和培训平台，提高他们的教学水平和教育能力。

2. 加强课程建设和创新

课程是学校教育的核心内容，对学校综合实力的提高具有重要意义。职业大学要积极推进课程改革，构建与时俱进的课程体系和教学模式。要着眼于培养学生的综合素质和实践能力，注重实践教学和实习实训环节的设计，使学生能够更好地适应社会需求和职业发展。

3. 加强科研创新和成果转化

科研是学校综合实力的重要组成部分，只有不断推动科研创新，才能够提高学校的学术声誉和影响力。职业大学要鼓励教师积极参与科研项目和学术交流活动，提供良好的科研条件和支持。同时，要加强对科研成果的转化和应用，促进学术成果与社会经济发展的深度融合。

4.加强学校的社会服务和校企合作

学校与社会的紧密联系是提高学校综合实力的重要途径之一。职业大学要积极开展各类社会服务活动，为社会提供优质的教育资源和技术支持。同时，要加强与企业的合作，建立良好的校企合作机制，为学生的就业和创业提供更多的机会和平台。

二、基于“爱·学·争”育人文化的职业大学物质文化建设的原则

（一）学生为本的原则

学生为本是职业大学物质文化建设的一个重要原则。在基于“爱·学·争”育人文化的背景下，学生的发展和成长是学校工作的核心。因此，在职业大学物质文化建设中，要始终将学生的需求和利益放在第一位，将学生的全面发展作为最终目标。具体来说，学生为本的原则要求从以下几个方面入手。

1.关注学生的个体差异，充分尊重并满足不同学生的需求

每个学生都有自己的特点和潜能，我们不能将他们无差别对待，而是应该注重个体差异的发掘和培养。通过制定差异化教育措施，例如开展个性化辅导、设立专项奖学金等，提供有针对性的支持和关注，帮助每个学生充分发挥自己的潜力和优势。

2.重视学生的参与和主体地位

学生是学校发展的主体，他们的参与和意见应该得到充分的重视和尊重。职业大学可以通过建立学生代表团体、开展学生议事会等形式，让学生参与到物质文化建设的决策和管理过程中，使他们对学校的建设有更多的发言权和决策权。职业大学还应该通过激发学生的主动性和创造性，培养他们解决问题和自我管理的能力，吸收他们成为学校物质文化建设的积极参与者和主动管理者。

3.提高学生的实践能力和职业素养

作为职业大学物质文化建设的目标之一，职业大学不仅要为学生提供良好的学习环境和设施，还要通过实践教学和实习实训等形式，让学生在实践中学习和

应用知识,培养他们的动手能力和解决实际问题的能力。学校还要注重培养学生的职业素养,包括专业素养、职业道德和团队合作能力等,以适应社会对人才的需求。

(二)紧密结合教育教学的原则

在职业大学物质文化建设中,紧密结合教育教学是一项重要的原则。通过将物质文化建设与教育教学紧密结合起来,可以实现教育目标的有效实施,提高学生的学习效果和实践能力。

紧密结合教育教学可以在物质文化建设中注重培养学生的实践能力。作为职业大学的核心任务之一,教育教学应该注重培养学生的实际应用能力。在物质文化建设中,应该通过设计实践性的项目,让学生参与其中,将所学知识与实际操作相结合。通过实践,学生可以更直接地理解和掌握所学知识,并培养解决实际问题的能力。

紧密结合教育教学可以为学生提供更好的学习环境和资源支持。物质文化建设应该以学生为中心,为学生提供良好的学习条件和资源。在教育教学过程中,可以将物质文化建设的成果应用到教室、实验室、图书馆等学习场所中,搭建先进的实验设备,提供丰富的图书和学习资料。这样,学生可以在良好的学习环境中进行学习,更好地发展自己的学术能力和创新能力。

紧密结合教育教学还可以促进教育的全面发展。教育教学应该注重整体发展,培养学生的综合素质。在物质文化建设中,可以引入各类教育资源,如艺术教育、体育教育等,提供多元化的教育机会。通过这种方式,可以激发学生的创造力和想象力,培养他们的艺术修养和综合素质,为他们的未来发展打下坚实的基础。

(三)科学合理规划的原则

在基于"爱·学·争"育人文化的职业大学物质文化建设中,科学合理规划是一个至关重要的原则。科学合理规划意味着我们需要在物质文化建设中有条不紊地进行规划和布局,确保资源的合理配置和有效利用。

1.注重整体性

职业大学要将物质文化建设融入学校整体发展的规划中去,并与教育教学、育人目标紧密结合起来。只有这样,才能确保物质文化建设与学校的办学特色相符合，形成有机的整体，为学生提供一个良好的学习和成长环境。

2.注重可持续发展

职业大学要考虑到物质文化建设的长远影响和可持续性。选择和使用的设施、设备、资源等要符合环保、节能、可持续利用的原则，以减少对环境的损害。学校也要注重对设施设备的日常维护和更新，确保其功能的长期保持。

3.依据实际情况和需求进行

职业大学要根据学校的具体情况和特点，结合教育教学的需要，确定物质文化建设的目标和任务。并且，要根据学校规模、师生比例等因素，合理确定资源的配置和建设的规模。

4.注重对未来发展的预见性

职业大学要考虑到学校未来的发展需求，确保物质文化建设的规划能够适应学校未来的发展方向和战略目标。只有这样，才能够为学校提供良好的物质保障，促进学校的长远发展。

(四)突出学校特色的原则

在基于"爱·学·争"育人文化的职业大学物质文化建设中，突出学校特色是一项重要的原则。每所学校都有其独特的理念、特色和办学定位，因此，在物质文化建设过程中，必须注重展现和强调学校的特色。

突出学校特色可以提高学校的知名度和竞争力。通过在物质文化建设中凸显学校的特色，方能吸引更多的学生和社会资源的关注和投入。学校的特色不仅仅是一种品牌，更是一种文化的象征，塑造并传播学校特色可以树立学校的形象和声誉，吸引更多有志于相关领域的学生。

突出学校特色可以提高学生的归属感和荣誉感。学校特色的凸显使学生感到自己所在的学校与众不同，他们会因为学校的独特性而感到自豪和自信。学校特色不仅仅是一种标识，更是一种认同感，通过物质文化建设突出学校的特色，可以增强学生对学校的归属感，培养他们对学校的荣誉感和忠诚度。

在突出学校特色的过程中，还需要注重多方面的展示。物质文化建设应该围绕学校的特色进行规划和设计，包括校园建筑、教学环境、校园设施等方面。同时，还可以在学校的教育教学活动中融入学校特色的元素，用具体的学科和专业实践来展现学校特色。此外,还可以通过校内外的宣传和推广活动,向社会展示学校特色,吸引更多的人了解和关注学校。

三、基于"爱·学·争"育人文化的职业大学物质文化建设的任务

(一)优化校园环境的任务

在基于"爱·学·争"育人文化的职业大学物质文化建设中,优化校园环境是一项重要的任务。校园环境作为学生学习和成长的基础,直接影响着学生的教育效果和身心健康。因此,需要采取一系列措施来提高校园环境的质量和品质。

通过提高绿化覆盖率、种植花草树木,可以为学生提供一个清新、美丽的学习环境。加强环境卫生管理,定期开展校园清洁和垃圾分类工作,营造一个整洁、干净的校园环境。这不仅能提高学生的学习积极性,还能培养学生的环保意识和责任感。

(二)丰富教学设施的任务

在基于"爱·学·争"育人文化的职业大学物质文化建设中,丰富教学设施是一个重要的任务。优质的教学设施不仅可以提供学生良好的学习环境,也能够提升学校的教学质量和竞争力。

1.提供现代化的教学工具和设备

随着科技的不断发展,教学方式也在不断地更新迭代。为了适应这一变化,学校应该配备最新的教学设备,例如多媒体教室、实验室、计算机房等,以便教师能够采用多样化的教学方法,提高教学效果。

2.优化教学用地

学校应当合理规划教学用地的布局,确保每个专业都有适宜的教学场所。比如,工程类专业需要安排实验室和工作坊,艺术类专业需要舞蹈室和音乐室等。通过合理分配和规划,可以满足不同专业的教学需求,提高专业教学的质量。

3.创造多样化的教学场景

学生需要在各种实际问题和情境中进行学习和实践,因此学校应该提供一系

列真实和复杂的教学场景，使学生能够更好地应对实际工作中的挑战。这可以通过建设实训基地、实践教学中心等方式来实现，为学生提供丰富多样的实践机会。

4.改善教学环境

一个良好的教学环境不仅仅是指设施的优良，还包括教学氛围的营造和教师学生关系的和睦。学校应该努力营造积极向上的学习氛围，鼓励教师和学生之间的互动和合作，提高教育教学的质量和效果。

（三）建立健全学校文化活动平台的任务

在基于“爱·学·争”育人文化的职业大学物质文化建设中，建立健全学校文化活动平台被赋予了重要的任务。这一任务的核心是为学生提供多样化、丰富创意的文化活动，以促进他们的全面发展和自我实现。

建立健全学校文化活动平台的目标是丰富学生的课余生活，提供丰富多彩的文化体验。在这个平台上，学生可以参与各种艺术表演、文化展览、学术讲座、体育竞赛等各类活动。通过参与这些活动，学生可以培养自己的兴趣爱好，开阔视野，丰富知识储备。

在建立健全学校文化活动平台的过程中，学校需要注重培养学生的创造力和创新意识。通过激发学生的创造力，鼓励他们参与文化创作和设计活动，学校可以帮助学生培养独立思考、解决问题的能力。这不仅对学生个人的职业发展有益，也有助于推动整个学校物质文化建设的创新与发展。

建立健全学校文化活动平台需要注重与社会资源的合作与共享。学校可以积极与文化机构、社会组织以及企业合作，共同打造文化活动的举办推广平台。通过这种方式，学生将有机会接触到更广泛的文化资源，提高自己的艺术素养和文化修养。

建立健全学校文化活动平台还需要注重引导学生参与社会公益活动。通过组织学生参与各类公益活动，学校可以培养学生的社会责任感和公民意识。学生将通过这些活动了解社会问题，学会关心他人，发挥自己的作用，同时也为社会做出积极贡献。

（四）提升学校品牌影响力的任务

在基于“爱·学·争”育人文化的职业大学物质文化建设中，提升学校品牌影响力是一个重要的任务。品牌影响力的提高可以帮助学校在竞争激烈的职业教育市场中脱颖而出，增加其知名度和声誉，吸引更多的学生和教职员工的关注和选择。

提高学校品牌影响力需要建立一套完善的品牌识别系统。这包括设计和规划学校的标志、标识、形象色彩、字体等视觉元素，以及相应的品牌口号、品牌故事等文化元素。通过统一的品牌形象和文化传达，学校可以给外界留下深刻的印象，树立起一个独特而有吸引力的品牌形象。

提高学校品牌影响力需要注重在各种渠道上进行广告和宣传的推广。学校可以利用传统的媒体渠道。如广播、电视、报纸等，通过刊登广告、发表报道等方式来宣传学校的特色和优势。学校还可以积极利用现代的社交媒体平台如微博、微信、抖音等，通过发布有趣且有价值的内容，扩大品牌知名度和影响力。

提高学校品牌影响力需要注重与社会各界建立紧密的合作关系。学校可以与相关企事业单位合作，开展联合培养、共享资源等合作项目，通过与优质企业的合作，提升学校的品牌价值和影响力。学校还可以与社区、行业协会、政府等建立良好的关系，参与社会公益活动，树立学校的社会形象和责任感。

提高学校品牌影响力需要注重提高教职员工的专业素养和服务水平。教职员工是学校最有力的品牌代言人，在教育教学工作中展现出的专业水平和服务态度直接影响学校品牌的形象和声誉。因此，学校应加强师德师风建设，提供专业培训和发展机会，提高教职员工的专业素养和服务水平，为学校品牌的提高提供有力支持。

四、基于"爱·学·争"育人文化的职业大学物质文化建设的策略

(一)依托学校文化建设的策略

为了推动职业大学物质文化的建设，需要依托学校的育人文化，以此为基础来制定一系列的策略。

首先，在学校文化建设的过程中，职业大学要重点培养学生对物质文化建设的认识和意识。通过课堂教学、学校活动以及社会实践等形式，使学生深入了解物质文化对个人和社会的重要性，激发学生对物质文化建设的兴趣和热情。

其次，职业大学需要充分利用学校提供的资源，特别是与物质文化相关的资源，来支持物质文化建设的工作。学校可以建立与企业、行业和政府的合作关系，

共同探索物质文化建设的途径和方法。通过与行业企业的合作，可以提供学生实习机会，使他们能够更好地了解和掌握物质文化领域的知识和技能。

再次，创新是推动物质文化建设的重要策略之一。职业大学需要不断探索新的教育教学方式，将创新理念贯穿职业大学的教育教学过程中。例如，引入项目制学习，让学生在实际项目中学习和应用物质文化知识；开设实验课程，提供实践操作机会，培养学生的实际能力和创新意识。

最后，开展丰富多彩的校园文化活动也是促进物质文化建设的有效策略之一。学校可以组织各种形式的比赛、展览、讲座等，鼓励学生积极参与，提高他们的物质文化素养和创造能力。同时，学校还可以举办文化艺术节、科技创新周等大型活动，为学生提供展示才华和创新成果的舞台。

（二）强化校企合作的策略

在基于“爱·学·争”育人文化的职业大学物质文化建设中，强化校企合作是一项关键策略。通过与企业的深入合作，学校可以更好地为学生提供实践机会和就业前景，充分发挥企业资源和市场需求对学校的引导作用，提高学生的职业素养和就业质量。

1. 积极与各企业建立合作关系

学校可以主动洽谈，寻求与具备行业影响力和资源优势的企业合作机会。在合作过程中，学校应充分了解企业的发展需求和人才培养要求，明确学校所能提供的资源和支持。通过双方合作的共识，建立起稳定的合作关系，为学生提供更多就业机会和实践经验。

2. 加强与企业的沟通和协调

建立定期的联络机制，加强学校与企业之间的信息交流和沟通，及时了解企业对学生的要求和评价反馈。通过与企业的良好互动，学校能够及时调整教学内容和培养方案，使其更加符合实际需求，并为学生提供专业知识和技能的提升机会。

3. 积极开展各类校企合作项目

通过与企业合作开设实训基地、共建实验室等实践项目，让学生能够接触真实工作场景，提高技能和解决问题能力。同时，学校还可以与企业共同举办企业讲座、行业交流活动等，让学生了解行业动态和就业趋势，提前做好职业规划和就业准备。

4.加强校企合作需要学校在制度建设方面给予支持

建立起科学的校企合作机制，明确双方的权责义务，确保双方合作的顺利进行。同时，要加强对教师和企业导师的培训，提高他们的校企合作意识和能力，为学生提供更好的指导和支持。

（三）创新教育教学方式的策略

创新教育教学方式是基于“爱·学·争”育人文化的职业大学物质文化建设的重要策略之一。在当前快速发展的知识经济时代，传统的教育教学方式已经无法满足学生的个性化需求和社会的发展需求。因此，学校需要积极探索创新的教育教学方式，以提高学生的学习效果和培养他们的创新能力。

第一，引入信息技术，将其应用于教育教学过程中。通过使用多媒体、互联网等现代科技手段，可以丰富教学内容，使学生更加主动、积极地参与学习。例如，可以在课堂上使用多媒体教学材料，通过图片、视频等形式直观地展示知识点，激发学生的学习兴趣和好奇心。

第二，鼓励学生参与实践教学。传统的教育教学方式注重理论知识的传授，而忽略了学生的实践能力培养。通过开展实践教学活动，如实习实训、社会实践等，可以使学生将所学知识应用到实际中去，提高他们的实践能力和解决问题的能力。例如，可以组织学生参与到社会服务活动中去，让他们亲身体验社会问题，培养他们的社会责任感和公民意识。

第三，推动合作式学习。传统的教育教学方式注重个体竞争，忽视了学生之间的合作与协作能力的培养。通过推动合作式学习，可以让学生在小组中共同探讨、讨论问题，培养他们的团队合作意识和沟通能力。例如，可以组织学生进行小组项目或者课题研究，让他们在合作中学会分工合作、相互支持，从而提高学习效果。

第四，培养学生的创新思维和创业能力。传统的教育教学方式往往过于注重对知识的灌输，不重视学生的创新能力培养。通过引入创新教育项目，如创客教育、创新实验等，可以培养学生的探索精神和创造力。例如，可以鼓励学生开展创新实验，设计和制作自己的创意产品，让他们在实践中不断思考和实践，培养他们的创新思维和创业能力。

(四)开展丰富多彩的校园文化活动的策略

在基于“爱·学·争”育人文化的职业大学物质文化建设中,开展丰富多彩的校园文化活动是一个重要的策略。通过丰富多样的校园文化活动,可以有效地提升学生的综合素质,培养学生的创新意识和团队合作精神,进一步促进学生的全面发展。

首先,可以通过举办各类主题活动来开展校园文化活动。比如,举办文化节、艺术节、科技创新大赛等,这些活动不仅可以丰富学生的业余生活,还能够展示学生的才艺和创新能力。通过参与这些活动,学生可以锻炼自己的综合能力,增强自信心和自主学习的能力。

其次,可以创造良好的学习和交流平台来开展校园文化活动。例如,开设学术讲座、专题研讨会等,邀请行业精英和校友分享经验和见解,为学生提供了与专业领域人士交流的机会。这不仅有助于学生拓宽视野,了解最新的行业动态,还可以激发学生对专业学习的兴趣和热情。

再次,可以鼓励学生主动参与社会实践和志愿服务活动,以培养学生的社会责任感和团队合作意识。通过参与社会实践活动,学生能够将所学知识应用到实践中,增强实践能力和解决问题的能力。参与志愿服务活动还能够提高学生的社会交往能力和人际关系处理能力。

最后,为了更好地开展丰富多彩的文化活动,学校可以与社会资源进行合作,为学生提供更多的机会和平台。例如,与企事业单位合作举办实践项目,与文化艺术机构合作开展文艺演出等。这样可以更好地满足学生的多样化需求,提升学生的文化素养。

第二节　基于“爱·学·争”育人文化的职业大学精神文化建设

一、基于“爱·学·争”育人文化的职业大学精神文化建设的目标

(一)基于“爱·学·争”育人文化建设目标的理论分析

为了推动职业大学精神文化建设,我们需要从理论层面对建设目标进行深入

分析和探讨。职业大学作为一种具有职业特色的学校，其精神文化建设的目标是多方面的。

1.培养学生的爱国主义精神

作为职业大学，我们的学生将来会成为国家的中坚力量，承担着社会责任。因此，培养学生对国家的热爱、对国家的认同感，是我们建设职业大学精神文化的首要目标之一。这不仅涉及学生的爱国情怀，更涉及培养学生的社会责任感和使命感。

2.培养学生的学习精神

学习是职业大学的根本任务，而学习精神是学生在学习过程中所应具备的态度和素养。因此，建设目标之一是培养学生的刻苦钻研、勤奋努力的学习作风，塑造学生积极向上、追求卓越的学习态度。这需要学校通过优化课堂教学、提供良好的学习环境、激发学生的学习兴趣和动力，使学生在学习中不仅获得知识和技能，更获得学习的乐趣和成就感。

3.培养学生的争创精神

职业大学的学生将来会面临激烈的职业竞争和挑战，因此，培养学生的争创精神，让他们具备开拓创新、勇于拼搏的精神素质，是建设目标的重要方面之一。职业大学需要通过丰富多样的实践活动和实践教育，培养学生的创新意识、团队合作能力以及解决问题的能力，使他们在未来的职业生涯中能够勇敢面对挑战并取得成功。

（二）建设目标的实际需求

在职业大学精神文化建设中，明确建设目标的实际需求是至关重要的。通过对实际需求的深入分析和研究，可以确保职业大学精神文化建设的目标与现实相符合，从而达到更好的效果。

第一，建设目标需要与时代发展需求相契合。随着社会的不断发展和进步，人才培养的需求也在迅速变化。传统的职业大学精神文化建设已经无法满足当今时代的要求。因此，在建设目标时，需要对当前社会经济、科技、文化等方面的需求进行全面的了解和把握，确保目标与时代发展需求相契合。

第二，建设目标需要与学校的育人理念相一致。每个学校都有自己独特的育人理念，而职业大学精神文化建设的目标应该与学校的育人理念相一致。只有通过与学校育人理念的契合，才能使职业大学精神文化建设更加贴近学校的实际情况，更好地服务于学生的成长与发展。

第三，建设目标需要与人才培养需求相匹配。职业大学的任务是培养具备特定职业技能和职业道德素养的高素质专门人才。因此，在建设目标时，需要深入了解各行业的技术、知识和能力要求，明确职业大学精神文化建设目标与人才培养需求的匹配程度。只有确保目标与人才培养需求相匹配，才能更好地培养出适应社会发展需要的优秀职业人才。

第四，建设目标需要与学生的期望和需求相符合。学生是职业大学精神文化建设的主体，他们的期望和需求应该被充分考虑和尊重。通过调查研究、问卷调查等方式，了解学生对于职业大学精神文化建设的期望和需求，明确建设目标与学生期望和需求的契合度。只有将学生作为重要的建设目标，才能真正满足学生的需求，使职业大学精神文化建设更加有针对性和实效性。

（三）建设目标的实施路径

1. 加强师资队伍建设

职业大学教师队伍的专业素养和教育教学水平直接影响到学生的培养效果。因此，职业大学应该加强教师队伍建设，提高其业务素质和能力水平。这可以通过开设专业培训班、定期组织教学研讨会、鼓励教师参与课程改革与教学研究等方式来实现。学校必须建立评价机制，激励优秀教师，提高整体教师队伍的质量。

2. 加强学生培养体系的建设

学生是学校育人的核心对象，他们的培养质量和个人发展需要必须得到充分重视。为此，职业大学要加强学生的道德教育和职业素养培养，使他们具备正确的价值观和职业道德。职业大学还可以开设一些专业特色课程和实践教学项目，提供更多实践机会，培养学生的实际操作能力和解决问题的能力。建立学生评价机制，鼓励学生参加各类学术竞赛和实践活动，激发他们的学习兴趣和创新精神。

3. 加强与社会的合作与交流

职业大学应该与社会各界建立紧密联系，充分利用社会资源来支持学校的育人工作。职业大学可以与企业合作开展实践培训项目，为学生提供实习和就业机会。加强与行业协会和研究机构的合作，促进学术交流和科研成果的应用，提高学校的学术影响力和社会声誉。积极组织各类校外活动，为学生提供拓宽视野、锻炼能力的机会，促进他们全面发展。

二、基于“爱·学·争”育人文化的职业大学精神文化建设的原则

（一）人文主义原则

人文主义是职业大学精神文化建设的重要原则之一。在“爱·学·争”育人文化的框架下的，人文主义原则旨在培养学生的人文关怀、人文素养和人文精神。这一原则强调人的尊严和人的全面发展，倡导关注人类的情感、价值观和道德原则。

在人文主义原则的指导下，职业大学应注重培养学生的人文关怀。这意味着学生需要具备关爱他人、关注社会问题的能力。学校可以通过开展社会实践、志愿服务等活动，引导学生关注弱势群体、环境保护等社会问题，培养他们的社会责任感和关心他人的意识。

在人文主义原则的指导下，职业大学应培养学生的人文素养。人文素养包括对人文知识的掌握、文化品位的培养以及人文思维的培养。学校可以通过多元化的课程设置，引导学生学习人文科学、人文艺术等，并加强对人文经典的研究和思考，从而提升学生的人文素养。

在人文主义原则的指导下，职业大学应培养学生的人文精神。人文精神包括对人的尊重、人际关系的处理和道德规范的遵守。学校可以通过开展班级活动、课外讲座等，培养学生具备团队精神和良好的社会交往能力。同时，学校还应注重道德教育，引导学生诚实守信、关心他人，树立正确的人生价值观。

在人文主义原则的指导下，教师应在教育中以身作则，成为学生的榜样。教师应注重对学生的关怀和引导，培养他们的情感教育和人格素养。教师还应注重与学生之间的互动，建立良好的师生关系，激发学生的学习动力和创造力。

（二）创新性原则

在基于“爱·学·争”育人文化的职业大学精神文化建设中，创新性原则被视为一项重要的原则。创新性原则的核心思想是通过培养学生的创新意识和创新

能力，引导他们在学习和发展过程中不断追求新的知识、新的技能和新的思维方式。

其一，创新性原则要求职业大学要注重培养学生的创新思维能力。通过对创新思维的培养，学生能够发现问题、分析问题、解决问题，在实践中提出新的理念和观点。为了引导学生发展创新思维能力，学校要引入创新教育课程，组织创新实践活动，激发学生对新领域和新技术的兴趣，并提供相应的支持和资源。

其二，创新性原则强调重视对学生的创新能力培养。学校可以通过开展创新项目、创新竞赛等方式，鼓励学生在学科研究和实践中展现自己的创新能力。学校还可以为学生提供创新创业的平台，支持他们创新实践和创业，培养他们的创新意识和创新能力。

其三，创新性原则要求学校为学生提供开放和多样化的学习环境。学校可以采取灵活的教学方式。如课题研究、项目实践等，让学生在实践中探索、创新。此外，学校还可以打破学科壁垒，鼓励学生跨学科学习和合作，培养综合能力和创新思维。

其四，创新性原则需要学校注重教师队伍建设和对教学方法的创新。学校可以通过提供研修机会和资源支持，激励教师不断提高专业素养和创新能力。同时，学校还可以鼓励教师采用多样化的教学方法，培养学生的创新意识和实践能力。

（三）实践性原则

实践性原则要求学校为学生提供充实的实践环境。学校可以通过建立满足需要的实验室、工作场所等设施，为学生提供进行实践活动的场所。学校还可以积极与企业、机构等合作，为学生提供实践机会，使学生能够将所学知识与解决实际问题相结合。

实践性原则要求学校在课程设置上注重实践性。学校可以增加实践性课程的比例，开设与实践紧密相关的课程。如实践技能训练、实践案例分析等。通过这些课程的学习，学生可以将所学知识运用到实际问题中，提高他们的实践能力。

实践性原则还要求学校注重实践性评价。学校可以采用多种评价方法，如实践成果展示、实际操作考核等，评价学生在实践活动中的表现和成果。这有助于促使学生更加注重实践能力，推动他们在实践中展现出更好的水平。

实践性原则还需要学校与社会密切合作。学校可以积极与企业、机构等建立合作关系，开展实践项目、实践实习等活动，为学生提供更多的实践机会和实践平台。通过与社会的紧密联系，学生可以更好地理解现实问题，提升实践能力。

(四)全面性原则

全面性原则是职业大学精神文化建设的重要原则之一，它要求在建设过程中全面考虑各个方面的因素，以实现全面发展与全面提升。

全面性原则要求在职业大学精神文化建设中注重知识与能力的全面发展。在培养学生的过程中，需要关注学生的专业知识，同时也要注重培养学生的实践能力、创新思维和综合素质。只有通过全面发展的教育，才能培养出具备专业技能和综合能力的职业大学生。

全面性原则要求在职业大学精神文化建设中关注个体和群体的全面发展。一个学校的发展，并不仅仅是学生的个体发展，更要考虑到整个学校群体的发展。因此，在职业大学精神文化建设中，我们要关注个体学生的成长与进步，同时也要关注学校整体文化的建设。只有通过个体和群体的共同努力，才能实现学校的全面发展。

全面性原则要求在职业大学精神文化建设中注重传统与创新的全面融合。传统文化是一个国家、一个民族的瑰宝，它承载着丰富的智慧和价值观念。在职业大学精神文化建设中，要坚守传统文化，同时也要敢于创新，与时俱进。只有将传统文化与创新理念相融合，才能培养出富有创新力和文化自信的职业大学生。

全面性原则要求在职业大学精神文化建设中注重心理和身体的全面健康。学生的心理健康和身体健康是他们全面发展的基础。因此，在职业大学精神文化建设中，要关注学生的心理健康教育，提供必要的心理辅导和健康指导，同时也要注重体育锻炼和营养健康的培养。只有学生在良好的心理和身体状态下，才能更好地投入学习和实践中去。

三、基于"爱·学·争"育人文化的职业大学精神文化建设的任务与策略

(一)建设任务的确定与落实

在职业大学精神文化建设中，确定和落实建设任务是至关重要的一步。

1. 明确职业大学精神文化建设的目标，即“爱·学·争”育人文化

这一目标的核心是培养学生的爱国精神、追求学问的精神和奋发进取的精神。

2. 培养学生的爱国精神

培养学生的爱国精神意味着要通过课堂教育、社团活动等形式，引导学生热爱祖国、热爱人民、热爱社会主义事业。职业大学可以组织学生参观爱国主义教育基地、举办关于爱国主题的讲座和演讲比赛，让学生深刻体验爱国情怀。

3. 培养学生的追求学问的精神

在现代职业教育中，学习知识技能是学生的首要任务。因此，需要通过优秀的教学团队、全面的课程设置和先进的教学方法，激发学生的学习兴趣和求知欲。职业大学可以开设课程讨论班、学术沙龙等活动，促使学生在学习中积极思考、主动探索，培养他们的创新精神和批判思维能力。

4. 培养学生的奋发进取的精神

职业大学的宗旨是培养就业能力强、创新创业意识强的应用型人才。因此，需要通过实践教学、实习实训等方式，培养学生的实践能力和创业精神。可以引导学生开展创新项目，参与社会实践，让他们在实际工作中不断锻炼自己、挑战自我，逐渐展现出勇于担当和勇于创新的精神风貌。

（二）建设策略的制定与实施

为了有效推进职业大学精神文化建设，需要制定和实施一系列建设策略。

首先，需要根据学校的特点和定位，明确职业大学精神文化建设的目标。通过深入研究当前学校的发展需要和社会环境要求，学校可以确立相关的目标，例如培养学生的职业素养、创新思维和实践能力。建立明确的目标有助于指导措施的制定和实施。

其次，需要制定具体的建设措施，并将其纳入学校的发展规划中。建设措施可以涉及多个方面，如教育教学、学生管理、精神文化活动等。例如，在教育教学方面，可以推行以实践为基础的教学模式，引入行业导师，开设职业技能培训课程等。在学生管理方面，可以加强学校文化引领，建立多元化的学生社团和活动组

织,提供全方位的成长支持。

再次,措施的实施需要充分动员学校各层级的力量和资源。通过成立专门的工作小组或委员会,负责策略的具体实施,并确保各项工作得到落地和执行。在实施过程中,需要加强对师生的培训和引导,激发他们的积极性和创造力,营造积极向上的精神文化氛围。

最后,需要建立健全的评价和反馈机制,对建设效果进行定期评估和总结。通过定期开展调研和问卷调查,了解师生对职业大学精神文化建设的认知和满意度,发现问题并及时进行调整和改进。根据评估结果,可以适时对措施进行适当的调整,从而不断提升建设效果和影响力。

(三)建设效果的评价与反馈

在职业大学精神文化建设中,评价与反馈是非常重要的环节。通过对建设效果的评价与反馈,可以及时了解到目标的实现情况,为进一步的建设提供指导和调整方向。

1.评价的内容应当全面准确

评价不仅仅是简单地看表面的成果,更应该从多个角度、多个层面去考查建设的效果。可以通过进行问卷调查、个别访谈、座谈会等方式,收集师生、企业等多方面的意见和反馈。还可以结合具体的实例和案例,来描述和说明建设的效果。

2.评价的方法应当科学可行

在进行评价时,应该选择合适的方法和工具,以确保评价的结果具有可信度和有效性。可以采用定量和定性相结合的方法,利用统计分析、数据比较等手段,对建设目标的实现情况进行量化评估。也可以运用逻辑分析、文本分析等方式,对建设过程中的问题和挑战进行深入探讨和分析。

3.评价的结果应当及时反馈

评价的目的不仅是对已经完成的建设进行总结,更重要的是为下一步的工作提供依据和参考。因此,评价的结果应当能够及时地反馈给相关人员,让他们了解建设效果的优劣和不足之处,从而进行相应的调整和改进。这样可以实现职业大学精神文化建设的持续发展和不断提升。

4.评价与反馈过程中应当注重与利益相关方的沟通与合作

评价的过程中，应该主动与师生、企业等利益相关方进行沟通和交流，听取他们的意见和建议。同时，也应当主动提供建设效果的反馈结果，以增强各方对建设的参与和支持，形成多方共建的局面。只有形成利益共享、共同发展的合作机制，才能够为职业大学精神文化建设提供良好的外部环境和保障。

第三节　基于“爱·学·争”育人文化的职业大学制度文化建设

一、基于“爱·学·争”育人文化的职业大学制度文化建设的目标

(一)以“爱·学·争”育人文化引领职业大学制度文化建设的总体目标

职业大学制度文化建设的总体目标是以“爱·学·争”育人文化为引领，推动职业大学制度文化的全面建设和发展。以“爱·学·争”为核心的育人文化是一种积极向上、激励学生发展的文化理念和价值观，通过培养学生的爱国情怀、学习精神和竞争意识，实现职业大学制度文化的培养和落地。

首先，以“爱”为导向的文化价值观是职业大学制度文化建设的重要目标之一。培养学生的爱国情怀和社会责任感，使他们热爱自己的国家、民族和社会，愿意为之奋斗和贡献。同时，通过传承和弘扬中华优秀传统文化，培养学生的文化自信和传统美德，使其具备高尚的品德和道德素养。

其次，以“学”为核心的文化价值观是职业大学制度文化建设的关键目标之一。推动学生学习的主动性、积极性和创造性，培养他们的知识技能和终身学习的能力。通过创设优质教学环境和有效教学方法，激发学生的学习兴趣和求知欲望，提高他们的学习成绩和学习效果。同时，鼓励学生参与各类学术活动和实践项目，提升他们的综合素质和实践能力。

最后，以“争”为核心的文化价值观是职业大学制度文化建设的重要目标之一。培养学生的竞争意识和创业精神，推动他们在学习和工作中不断挑战自我、追求卓越。通过设置竞赛平台和创新实践项目，鼓励学生积极参与竞争和创新，培养他们的团队合作精神和领导能力。同时，通过职业生涯规划和创业教育，引

导学生发展职业兴趣和个人发展目标，为社会经济发展贡献人才力量。

在职业大学制度文化建设的总体目标中，“爱·学·争”育人文化起到了至关重要的作用。它不仅是一种价值观念和道德规范的传承，更是一种积极正面的生活方式和行为准则。“爱·学·争”育人文化作为职业大学制度文化建设目标的核心，将引领学校培养出具备爱国情怀、学习精神和竞争意识的高素质职业人才，为社会发展和创新提供有力的支持。通过全面推进职业大学制度文化建设，我们能够不断提高职业教育质量和办学水平，培养出更多更好的职业人才，为国家经济和社会进步做出积极贡献。

（二）职业大学制度文化建设的具体目标

在职业大学制度文化建设过程中，我们需要确立明确的具体目标，以实现“爱·学·争”育人文化的引领作用。具体目标的设定需要紧密结合职业大学的实际情况和发展方向，以满足学生培养的需求以及适应社会发展的要求。

1.建立一套符合职业教育特点的制度规范

职业大学作为培养应用型人才的重要阵地，必须建立起一系列科学、合理的制度，以规范学校的秩序和运行。这些制度包括教学管理制度、学生管理制度、质量管理制度等，旨在优化教育资源的配置，提高教学效果和学生成果。

2.培养学生的创新和实践能力

职业教育的核心任务是培养学生具备职业素养和实践能力，因此，职业大学制度文化建设必须致力于培养学生的创新和实践意识。为此，学校需要构建具有实践性和创新性特点的教学环境和机制，鼓励学生参与实践项目和创新活动，提高他们的创新能力和实践能力。

3.促进师生之间的密切互动和合作

在职业大学中，师生之间的互动和合作是推动教育教学活动的重要力量。因此，职业大学制度文化建设需要加强师生之间的交流和合作机制。比如，建立师生联动的教学模式，鼓励师生之间的合作研究和实践活动，以培养学生的团队协作和沟通能力。

4.营造积极向上的学术氛围

学术氛围是职业大学的精神气质和学院文化的重要组成部分，对于促进学术研究、提高教学质量具有重要影响。因此，在职业大学制度文化建设中，重要的是培育一种积极向上、开放包容的学术氛围。这需要通过建立学术交流平台、开展学术研讨会和培养学生的学术兴趣，努力营造一个充满学术活力和创新精神的环境。

（三）"爱·学·争"育人文化在职业大学制度文化建设目标中的作用

"爱·学·争"育人文化作为一种特色育人文化，对于职业大学制度文化的建设起着重要的作用。在职业大学制度文化建设的目标中，"爱·学·争"育人文化可以发挥以下几个方面的作用。

1."爱·学·争"育人文化能够引领职业大学制度文化建设的方向

作为一种积极向上的育人文化，"爱·学·争"强调爱国爱校的情感培养，鼓励学生热爱学习并追求卓越，在校园中形成一种良好的学习氛围。在职业大学制度文化建设目标中，"爱·学·争"育人文化能够指引整个制度文化的发展方向，使之更加注重学生的全面发展和社会责任感的培养。

2."爱·学·争"育人文化能够促进职业大学制度文化的价值观塑造

"爱·学·争"文化倡导追求知识、追求创新、追求进步，鼓励学生勇于探索和挑战，培养学生积极向上的价值观。在职业大学制度文化建设目标中，"爱·学·争"育人文化将价值观的培育和传承融入制度中，促使学生在学习和工作中秉持正确的价值取向，并且在职业发展中展现出自我超越和拼搏进取的精神。

3."爱·学·争"育人文化能够推动职业大学制度文化的创新与改革

"爱·学·争"文化鼓励学生勇于创新，提倡不断挑战自我和突破自我。在职业大学制度文化建设目标中，"爱·学·争"育人文化能够推动制度的创新与改革，鼓励学校制定灵活的教育教学方案，提供多样化的培养模式，以适应时代的变化和社会的需求。

4."爱·学·争"育人文化能够加强职业大学制度文化的凝聚力和向心力

"爱·学·争"文化注重培养学生之间的合作精神和团队意识，在职业大学制度文化建设中，这种文化能够促使学生之间形成紧密的联系和互相支持的关系，进一步增强学校的凝聚力和向心力，形成一种共同努力、共同进步的集体氛围。

二、基于"爱·学·争"育人文化的职业大学制度文化建设的原则

(一)"爱·学·争"育人文化指导下的职业大学制度文化建设原则

在职业大学制度文化建设中，必须牢固树立以"爱·学·争"为核心的育人文化，将其作为指导原则。这一目标的实现离不开一系列原则的指引。

1.坚持以爱为核心的原则

爱是一种包容、关怀和关爱的力量，它能够激发学生的潜能，帮助他们全面发展。在职业大学制度文化建设中，学校要注重建立师生之间的信任和联系，打造充满温暖和关爱的学习环境。只有这样，学生才能感受到来自学校的爱，从而更加积极地投入学习和发展。

2.坚持以学为核心的原则

学习是职业大学中最重要的任务，也是学生实现自我发展的关键。在职业大学制度文化建设中，学校要秉持学术导向，强化学习的地位和价值。通过制订学习计划、提供优质的教育资源，学校能激发学生的学习兴趣和动力，帮助他们掌握专业知识和技能，为未来的职业发展打下坚实的基础。

3.坚持以争为核心的原则

争是一种积极向上的态度和行为，它能够激发学生的竞争力和创新精神。在职业大学制度文化建设中，学校要鼓励学生敢于争取、勇于拼搏，在学习和实践中追求卓越，并且竭力创造有益于个人和社会的成果。只有通过争取，学生才能更好地适应职业发展的需求，做出更大的贡献。

4.重点关注“爱·学·争”育人文化在职业大学制度文化建设中的体现

“爱·学·争”育人文化不仅是一种教育理念，更是一种行为准则。学校要将其融入制度建设的方方面面，例如在规章制度中体现关爱和公正的原则，通过制度的完善和执行，营造良好的学习和发展环境。同时，学校也要加强师资队伍建设，培养具有“爱·学·争”精神的教师，以身作则地引导学生，帮助他们树立正确的学习态度和价值观。

（二）职业大学制度文化建设的基本原则

职业大学制度文化建设的基本原则是指在“爱·学·争”育人文化的指导下，为了实现职业大学的目标和任务，建设起一套符合职业教育特点、适应学校实际需求的制度文化体系。

第一，坚持学生成长为中心的原则。职业大学制度文化建设的核心是培养学生的全面素质和职业能力。因此，职业大学要以学生的成长发展为中心，将其需求与制度文化建设紧密结合起来。例如，建立健全的学生管理制度，提供个性化的教育服务，激发学生的学习动力和实践能力，以实现他们的自我发展。

第二，坚持创新引领的原则。职业大学制度文化建设必须与时俱进，不断创新。职业大学要鼓励教师和学生参与制度改革和创新，推动教育教学方式的创新，构建具有特色和竞争力的制度文化。例如，可以探索学分制度和实践锻炼机制的创新，促进学生的综合能力发展；还可以提倡师生合作、产学研结合的育人模式，培养学生的实践能力和职业素养。

第三，坚持公正公平的原则。职业大学制度文化建设必须确保公正公平的教育环境和机会。职业大学要坚持公平评价原则，建立公正的评价机制，避免任何形式的歧视和偏见。同时，也要关注学生的个体差异，尊重和支持他们的多样性，为每个学生提供平等的发展机会。

第四，坚持持续改进的原则。职业大学制度文化建设是一个不断优化和完善的过程。职业大学要积极借鉴其他学校和企业的先进经验，倡导学生、教师和管理者的反馈意见，不断进行制度文化的改进和调整。通过持续改进，学校可以使职业大学制度文化更加贴合学校的特点和需求，促进学校整体发展。

（三）职业大学制度文化建设的特殊原则

职业大学制度文化建设的特殊原则是基于“爱·学·争”育人文化的指导下

而提出的。这些特殊原则旨在打造一个积极向上、创新发展、服务于社会的职业大学制度文化。在职业大学制度文化建设过程中，需要重点关注以下几个特殊原则。

1.培养职业道德与素养

职业大学的使命是培养具有职业道德和素养的专业人才。因此，职业大学制度文化建设应致力于强化职业道德教育和素养培养。这意味着以德育为基础，通过各种规章制度、文化活动等手段，培养学生正确的职业行为规范，增强职业操守和职业责任感。

2.促进学生自主发展

职业大学的目标是培养具有创新能力和自主发展能力的人才。因此，在职业大学制度文化建设中，应当注重激发学生的主动性和自主性。通过开展学生自治组织、自主选课等措施，让学生能够参与决策、管理和规划自己的学习和发展，培养他们的领导能力和创新精神。

3.提供实践机会与支持

职业大学的特点是注重实践能力的培养。因此，职业大学制度文化建设应侧重于为学生提供充足的实践机会和支持。通过与企业合作、实习实训基地的建设等方式，让学生能够将所学知识应用于实践中，增强他们的实际操作能力和解决问题的能力。

4.强化与社会的联系与服务

职业大学的使命是为社会培养具备专业技术和综合素质的人才。因此，职业大学制度文化建设应注重与社会的互动与服务。这意味着要建立畅通的校企合作渠道，与行业协会、企事业单位等建立紧密的联系，以便更好地了解行业需求和社会变化，调整和优化教育培养方案，为社会提供更好的人才支撑。

(四)“爱·学·争”育人文化在职业大学制度文化建设原则中的体现

在职业大学制度文化建设的过程中，以“爱·学·争”育人文化作为指导原则，可以有效地促进创新型职业大学的全面发展。

“爱”是指在职业大学制度文化建设中注重对学生的关爱和关心。通过在制度设计中体现学生的个体需求，使学生感受到学校的关怀，促进学生身心健康发展。一方面，学校可以建立健全的心理咨询服务体系，为学生提供心理健康方面的支持和指导。另一方面，学校可以在课程设置中注重培养学生的兴趣和特长，为他们提供广阔的发展空间。这样的关怀体现了学校对学生全面培养的重视，有助于增强学生的学习动力和自信心。

“学”是指在职业大学制度文化建设中，将学术研究和教学工作作为核心，追求教学质量的提升和学术创新的突破。通过建立有效的学术评价体系，激励教师进行高质量的教学和科研工作。此外，学校还应该鼓励学生积极参与学术研究活动，培养他们的研究能力和创新精神。通过学术研究和教学工作的双重努力，学校可以提供优质的教育资源，提升学生的综合素质。

“争”是指职业大学制度文化建设中要提倡竞争意识和拼搏精神。通过在制度设计中注重竞争机制的建立，激发学生的学习热情和创新能力，培养他们的团队合作和竞争能力。学校可以通过组织各类学术、体育和文化竞赛活动，激发学生的竞争意识，培养他们的团队合作和沟通能力。同时，学校还应该为学生提供公平的机会和平等的待调，促使他们在竞争中不断成长。

三、基于“爱·学·争”育人文化的职业大学制度文化建设的任务与策略

（一）基于“爱·学·争”育人文化的职业大学制度文化建设的主要任务

职业大学制度文化建设的主要任务是为构建具有“爱·学·争”育人文化特色的职业大学提供有力的支撑和保障。这一任务的核心在于通过制度文化的塑造和落地，促进学校的整体发展与进步，培养学生全面发展的能力和素养。

第一，职业大学制度文化建设的主要任务是树立规范、公平、公正的教育环境。这要求我们在制度建设中加强规范意识，确保教学、评价、管理等方面的制度健全与执行力度。只有通过规范的制度，才能让每个学生都能在公平公正的环境中受到教育，实现个人的发展与成长。

第二，职业大学制度文化建设的主要任务是培养学生创新能力和实践能力。这要求我们在制度设计中注重尊重学生的主体地位，激发学生的学习兴趣和创造力。通过灵活而有力的制度安排，可以提供多样化的实践平台和机会，让学生在实践中不断探索、尝试和创新，培养他们的实践能力和创新精神。

第三，职业大学制度文化建设的主要任务是营造良好的师生关系和学习氛

围。在制度文化的建设中,需要重视师生互动和平等沟通。通过制度规范和文化引领,可以建立良好的师生关系,促进师生之间的相互理解和尊重。同时,在制度设计中应注重激励机制的建立,激发学生的学习热情,营造积极向上的学习氛围。

第四,职业大学制度文化建设的主要任务是强化学校的社会责任和使命感。学校作为社会育人的重要阵地,要积极承担起培养社会人才、推动社会进步的责任。在制度文化建设中,需要将社会责任和使命感融入制度设计和实施中,引导学生树立正确的价值观和社会观,提升他们的社会责任感和使命感。

(二)"爱·学·争"育人文化指导下的职业大学制度文化建设策略

在职业大学的制度文化建设中,"爱·学·争"育人文化起着重要的指导作用。这种文化是职业大学的核心理念,旨在培养具备爱国情怀、学业优秀和拼搏精神的优秀人才。在制度文化建设过程中,应根据这一指导思想提出相应的策略。

首先,以"爱"为基础,建设一种注重社会责任和爱国情怀的制度文化。通过开展各种形式的社会实践活动,让学生深入了解国家的发展大计和国家利益,培养他们的家国情怀。学校要注重培养学生的社会责任感,通过开设公益志愿者岗位,让学生参与社会服务,体现"爱"在制度文化中的重要地位。

其次,以"学"为基石,打造一种重视学业成就的制度文化。职业大学是培养应用型人才的重要基地,所以在制度文化中应强调学习的重要性。学校要建立一套完善的学习指导机制,帮助学生养成良好的学习习惯。学校要注重教师的带教能力和教学质量,为学生提供优质的教育资源。通过树立学习的典范和榜样,激发学生的学习热情,推动学术进步和知识创新。

再次,要以"争"为动力,塑造一种拼搏进取的制度文化。职业大学制度文化建设要重视培养学生的竞争意识和拼搏精神。学校要鼓励学生参与各类竞赛,并设立奖励机制,激励学生充分发挥自己的潜力和能力。同时,学校要提供一个开放、公平、竞争的学习和发展平台,让学生有更多展示自己的机会。

最后,要以"爱·学·争"育人文化为核心,整合各方资源,打造一种有机统一的制度文化建设模式。学生、教师、家长、社会等各方要形成一个紧密合作的共同体,为制度文化建设贡献力量。在具体落实策略时,还应充分考虑学校发展的实际情况,结合学校的特点和优势,制订相应的实施方案,确保制度文化建设工作能够有效进行。

(三)“爱·学·争”育人文化在职业大学制度文化建设任务与策略中的体现

在职业大学制度文化建设过程中,“爱·学·争”育人文化起着重要的指导和推动作用。它旨在培养具有热爱、学习和奋斗精神的职业大学生,为其未来的职业发展打下坚实的基础。

首先,“爱”是“爱·学·争”育人文化的首要特征,也是职业大学制度文化建设的关键任务之一。通过培养学生对所学专业的热爱,能够激发他们的学习动力和职业热情。职业大学可以通过丰富的实践教学、社会实习等方式,让学生亲身体验所学专业的魅力,增强他们对专业的热爱程度。

其次,学习是职业大学制度文化建设中的核心任务。在“爱·学·争”育人文化的指导下,职业大学应该注重培养学生的学习能力和学习兴趣。为了实现这一目标,职业大学可以采取多种措施,如设置专业导师制度,提供学习辅导和资源支持,举办学术讲座和研讨会等,以激发学生的学术热情和自主学习能力。

再次,争取是职业大学制度文化建设中不可或缺的一部分。职业大学应该倡导学生树立积极向上的争取心态,鼓励他们在学习和职业发展中追求卓越。为此,职业大学可以设置奖学金和荣誉称号等激励机制,以激发学生的争取动力和竞争意识。同时,学校还应加强与企业和行业的合作,为学生提供实习和就业机会,帮助他们在职业发展中取得成功。

最后,职业大学制度文化建设中的策略应当与“爱·学·争”育人文化紧密结合。职业大学可以通过开展爱心助学活动,加强学风建设,培养和引导学生的创新能力,提升学生的综合素质。同时,职业大学还应积极构建与行业对接的实训平台,以有效提高学生的职业技能和实践能力。

参考文献

[1]刘任熊，黄利文，冯萍.职业教育及其质量评价论[M].芜湖：安徽师范大学出版社，2022.

[2]陶元.文化自信引领高校校园文化建设研究[M].北京：中国原子能出版社，2020.

[3]严权.职业教育探索与实践[M].武汉：中国地质大学出版社，2022.

[4]梁晓珊.高校校园文化建设[M].长春：吉林人民出版社，2021.

[5]蔡静俏，袁仁广.高校校园文化建设与发展研究[M].长春：吉林文史出版社，2021.

[6]程美，欧阳波仪.职业教育智慧教学[M].北京：北京理工大学出版社，2021.

[7]周莹.新时期高校文化育人的创新与实践[M].济南：山东文艺出版社，2022.

[8]寇伟.职业院校文化建设指要[M].北京：团结出版社，2019.

[9]颜枫.高校文化育人理论与实践创新研究[M].长春：吉林人民出版社，2021.

[10]王永钊，程扬.职业院校专创融合教育探索与实践[M].北京：中国商务出版社，2023.

[11]朱建军.高校文化育人探索研究[M].长春：吉林出版集团股份有限公司，2021.

[12]张静.中国职业教育理论与实践探索[M].北京：中国经济出版社，2022.

[13]谢永东，汪立亮.职业院校专业文化育人的研究与实践[M].南京：江苏凤凰教育出版社，2019.

[14]任占娟.高校校园文化建设与文化自信培育研究[M].北京：北京工业大学出版社，2023.

[15]胡龙宇.高校校园文化建设形式与方法研究[M].北京：北京工业大学出版社，2021.